Ottolenghi
cocina
SIMPLE

Yotam Ottolenghi
Con la colaboración de Tara Wigley
y Esme Howarth

fun & food

salamandra

Contenido

Ottolenghi ⬤ⓘⓜⓟⓛⓔ

Según el tipo de cocinero que seas, hay infinitas maneras de preparar una comida. Lo que una persona entiende por «no liarse en la cocina» puede ser la peor pesadilla culinaria de otra. Para mí, por ejemplo, consiste en pasar por la verdulería del barrio de camino a casa, comprar un par de cosas que me llamen la atención y tener la cena lista veinte o treinta minutos después de haber entrado por la puerta. Mi marido, Karl, por el contrario, tiene una idea totalmente distinta de lo que significa «no liarse en la cocina». Si invitamos a unos amigos a comer el fin de semana, querrá planear y cocinar con antelación todo lo que pueda para que apenas haya que hacer nada cuando lleguen los invitados.

Pero hay más formas de entender la simplicidad. Esme, que se encargó de probar las recetas de este libro, prefiere pasar el fin de semana entre plantas que entre fogones. Su idea de «no liarse en la cocina» es meter algo en el horno el sábado por la mañana y dejarlo asándose a baja temperatura o durante cuatro o cinco horas, tras las cuales estará a punto para comer. Por el contrario, Tara, que ha llevado la voz cantante en la parte de los textos, no es capaz de relajarse del todo si la comida no está poco menos que lista veinticuatro horas antes de que se vaya a servir: las salsas en la nevera, los estofados en el congelador, las verduras blanqueadas o asadas y todo a punto para montar el plato.

Sea cual sea nuestra forma de abordar la situación, coincidimos en el hecho de que, cuando los amigos o la familia vienen a comer a casa, todo parece fácil, sin esfuerzo aparente por nuestra parte. Pero eso se debe a que hemos desarrollado una serie de pautas adaptadas a nuestra forma de ser para que cocinar resulte sencillo, relajante y, por tanto, divertido. Cada cual tiene las suyas. Así que esa idea —la de que hay más de una forma de poner una comida sobre la mesa y todo el mundo entiende algo distinto por «no liarse en la cocina»— es la base y el meollo de *COCINA SIMPLE*.

Y, por si alguien se lo está preguntando, ¡no!, ¡«simple» y Ottolenghi no son términos contradictorios! Lo sé, lo sé... He visto el arqueo de cejas, me han llegado las bromas. Como esa del lector que, al comprobar que tenía todos los ingredientes necesarios en la despensa, dio por sentado que la receta estaba incompleta. O el que dice: «¡Voy un momento a la tienda de la esquina a por el diario, leche, ajos negros y zumaque!»

Me declaro culpable de todos los cargos. Sé que habéis tenido que hacer listas y buscar ingredientes, pero, con la mano en el corazón, debo decir que no hay una sola receta que me arrepienta de haber publicado. Para mí, cocinar siempre ha sido sinónimo de abundancia, gratificación, frescura y sorpresa. Palabras mayores cuando estamos hablando de las expectativas puestas en un plato de comida, así que una solitaria ramita de perejil nunca estaría a la altura de las circunstancias. El motivo por el que *COCINA SIMPLE* me ilusiona es que está repleto de recetas que, sin dejar de ser característicamente «ottolenghianas», son también en cierto sentido —y a menudo en más de uno— recetas sencillas.

Partiendo de distintos conceptos de simplicidad, Tara ha desarrollado un sistema claro y pragmático con una clave alfacromática. Lo mejor del sistema de Tara es que, una vez que hayas determinado qué clase de cocinero eres y qué entiendes por una comida sencilla, podrás seleccionar las recetas que mejor se adapten a ti. La verdadera función de esa clave alfacromática es ayudarte a planificar las comidas y luego prepararlas sin agobiarte y disfrutando al máximo.

Sofisticado pero fácil

Al igual que ocurre con lo de no liarse en la cocina, que una receta nos parezca fácil o difícil dependerá del tipo de cocineros que seamos. Lo que para alguien es un juego de niños supondrá todo un reto para otra persona. Elaborar tu propio pan, por ejemplo, puede ser una de esas cosas que, o bien has hecho desde que tienes uso de razón, o bien ni se te ha pasado por la cabeza. Pastas, helados, *labneh*, natillas: tres cuartos de lo mismo. A veces, las cosas más sencillas son las que pueden resultarnos más complicadas: lograr que un cuscús o un arroz quede suelto y en su punto, o escalfar un huevo a la perfección. Las recetas con la S de «Sofisticado pero fácil» te demostrarán que ciertos platos son mucho más sencillos de preparar de lo que crees.

En esta categoría se incluyen asimismo recetas que de buenas a primeras suenan un poco ambiciosas, pero que en realidad no tienen secreto. Es el caso de la burrata con uvas braseadas y albahaca (pág. 43) o el tartar de trucha con mantequilla caramelizada y pistachos (pág. 243). Ambas suenan a algo que te servirían en un restaurante de altos vuelos, pero te sorprenderá lo fáciles que son en realidad. Tampoco te dejes intimidar por las recetas con nombres franceses o italianos. *Confit*, *carpaccio* y *clafoutis* parecen cosas que sólo deberías atreverte a preparar si has pasado por una escuela de cocina, pero ide eso nada!

En realidad, lo mismo puede decirse de todas las recetas. Así que, más allá de las palabras escritas en lenguas que quizá no domines, si sabes leer, sabrás cocinar, y si además tienes claro qué clase de cocinero eres —de los que trabajan con antelación, de los que siempre tienen prisa o de los que se lanzan a improvisar con lo que encuentran en la despensa—, más sencillo te resultará todavía. Huelga decir que ninguno de nosotros pertenece a una sola de estas categorías, sino que, en función del momento y de cada etapa vital, cocinaremos más de un modo o de otro. Mi esperanza, sin embargo, es que para todos aquellos que no quieran prescindir de la emoción y la osadía entre fogones, pero tampoco complicarse demasiado la vida a la hora de cocinar, la estructura de COCINA SIMPLE suponga una auténtica liberación culinaria.

Ingredientes de uso diario

Imprescindibles en la despensa

Lo que guardamos en la despensa suele depender de lo que nos gusta comer y cocinar. En la mía siempre hay algún tarro de *tahina*, té verde y chocolate negro, pero eso no significa que en las despensas ajenas haya lo mismo.

Dicho lo cual, hay unos pocos ingredientes que doy por sentado que tendrás a mano. Si una receta se basa en estos productos básicos, la encontrarás en esta categoría. Los ingredientes a los que me refiero son:

Aceite de oliva	**Limón**	**Legumbres en conserva** (lentejas, garbanzos, alubias)
Mantequilla sin sal	**Yogur tipo griego**	
Harina de trigo	**Parmesano** (o pecorino)	
Huevos	**Hierbas aromáticas**	**Atún y anchoas en conserva**
Ajo	**Pasta seca**	
Cebolla	**Arroz**	**Sal y pimienta**

Puede que aun así tengas que comprar alguna cosilla —un lomo fresco de bacalao o abadejo, por ejemplo, para la receta de bacalao con garbanzos y *harissa* de rosas (pág. 262), o un manojo de espinacas para acompañar los *gigli* (pág. 191)—, pero hemos procurado que tengas que pasar por una sola tienda de camino a casa y no te veas obligado a confeccionar una larga lista.

Además de estos productos, hay diez ingredientes muy «ottolenghianos» que seguramente no tienes en la despensa y que te animo a comprar. Cocinar de un modo simple consiste a menudo en llenar un plato de sabor de la forma más rápida y fácil. He aquí algunas de mis pequeñas bombas de sabor preferidas, que te ayudarán a conseguirlo. Son productos poco perecederos que verás una y otra vez a lo largo de este libro.

Ingredientes ottolenghianos

Zumaque	**Cardamomo molido**	**Bayas de agracejo**
Za'atar	**Melaza de granada**	**Ajo negro**
Guindilla de Urfa en copos	*Harissa* de rosas	**Limón encurtido**
	Tahina	

Para más información sobre estos ingredientes, dónde encontrarlos de la mejor calidad y por qué es tan buena idea tenerlos en la despensa, véase la pág. 299.

Lo que tenemos en la alacena, claro está, va cambiando con el paso de las estaciones. Un plato de champiñones y castañas asados (pág. 112) es algo que podrás improvisar en Navidad mucho más fácilmente que durante el resto del año.

Las recetas basadas en este «fondo de despensa» también se caracterizan por su versatilidad. Sin ir más lejos, mi aliño de hierbas (pág. 37) está hecho con las aromáticas que tenía cuando elaboré la receta, pero saldrá igual de bien sin el estragón y con más albahaca, si es lo que tienes en la nevera. Las barritas heladas de chocolate (pág. 288) son un postre que se acomoda como pocos a los ingredientes disponibles. Yo sugiero los frutos secos, el tipo de chocolate y la clase de alcohol que me gusta añadir, pero puedes partir de lo que haya en tu despensa. Hay algo profundamente gratificante en preparar una comida sólo con lo que tienes a mano.

Menos es más

Estaba convencido de que imponer un límite de diez ingredientes a mis recetas iba a ser un reto, pero en realidad me lo he pasado bomba. Por lo general no resisto a la tentación de añadir capa tras capa de sabor y textura, pero he vivido la imposibilidad de hacerlo como una forma de liberación.

Lo más emocionante, sin embargo, ha sido constatar que podía elaborar muchísimas recetas con pocos ingredientes sin tener la sensación de que faltaba algo. No me veo renegando de las hierbas aromáticas —ilo verde me hace feliz!— y nunca me arrepentiré de rociar un plato con zumo de limón recién exprimido, pero está claro que menos puede ser más y que es posible lograr una receta sabrosa con sólo un puñado de ingredientes.

¿Cuáles he dejado fuera pero en otras circunstancias habría incluido? En vez de tres o cuatro hierbas aromáticas, por ejemplo, he usado una o dos. También me he limitado a un tipo de aceite o de sal, o a una variedad de guindilla. Algunos condimentos ya preparados, como el curri en polvo o las cinco especias chinas, son una gran alternativa a la tarea de mezclar y moler un surtido de especias. Hay recetas lo bastante potentes para poder prescindir de la cucharadita de azúcar, el diente de ajo, la menta seca o el concentrado de tomate que en caso contrario quizá habría añadido. En vez de usar vinagre y limón, me he decantado por uno de los dos y he aumentado la cantidad.

A excepción de la *harissa* —uno de esos fondos de despensa sin los que no sabría vivir— y una receta que lleva una cucharada de *sriracha* en el aliño (véanse los langostinos de la pág. 258), he decidido no usar salsas picantes ya preparadas, como la pasta de curri tailandés verde o rojo. Hay pastas de gran calidad disponibles en el mercado, pero la frescura es tan importante para mí que prefiero preparar una salsa de curri básica con unos pocos productos clave antes que recurrir a su versión industrial.

Cosas que no entran en el cómputo de los ingredientes de estas recetas: la sal, la pimienta, el aceite de oliva y —en pocos casos— el ajo y la cebolla.

Pereza

Los cocineros perezosos son los que se dedican a otras cosas mientras la comida se hace sola. Aquí entran los estofados que se cuecen a fuego lento mientras tú trabajas en el jardín, el apionabo que se pasa horas en el horno, los muslos de pollo que has dejado toda la noche en adobo y que ahora sólo tienes que asar. Hemos hecho de antemano todo lo necesario para que el plato tenga el sabor que requiere, pero del trabajo duro se encarga la alianza del calor y el tiempo.

Estas recetas son también las que se elaboran en una sola olla o una sola bandeja de hornear, por lo que te ahorran pasar horas fregando cacharros, y aunque se preparan con los ojos cerrados, no escatiman en sabor. Es el caso de las verduras mezcladas con uno o dos ingredientes más —zanahorias con *harissa*, por ejemplo, o setas y castañas con *za'atar*—, que basta con poner en una fuente y meter en el horno.

En esta categoría se incluyen también los postres que no requieren horneado y los platos de arroz que puedes meter en el horno en una bandeja refractaria y olvidarte de ellos. Son la clase de recetas que llenan la casa de aromas deliciosos sin atestar el fregadero de cacharros sucios, por lo que te permiten dedicarte a todas esas tareas que siempre dejas para mejor ocasión. O incluso, por qué no, ceder a la verdadera pereza y volver a la cama con el periódico bajo el brazo.

Listo con antelación

Mi cocina es sinónimo de frescura. Una vez que hemos picado y aliñado las hierbas aromáticas y las verduras de hoja, no podemos hacerlas esperar demasiado. Lo mismo podría decirse de muchos platos que conviene servir recién salidos del horno. Sin embargo, hay muchas maneras de adelantar las preparaciones culinarias sin sacrificar la frescura de los ingredientes.

Son muchos los platos que no pierden nada, por ejemplo, si los preparamos uno o dos días antes y los guardamos en la nevera. Bastará con recalentarlos o dejar que se atemperen antes de servirlos. En esta categoría entran las cremas, salsas, untables y aliños. El congelador también te sacará de más de un apuro. Por lo general, preparar la salsa para pasta o el estofado necesarios para una sola comida requiere la misma energía que preparar el doble. Puedes congelar la mitad y así tener una comida lista para servirla en cualquier momento, lo que de paso te hará sentir el ser más listo y afortunado que haya pisado la faz de la Tierra.

Pero no se trata sólo de meter la comida en la nevera o el congelador un día o una semana antes. Cocinar con antelación también abarca todo aquello que puedes tener listo unas horas antes de servir la comida, de modo que, cuando llegue el momento de sentarse a la mesa, sólo tengas que montar el plato. Tostar unos frutos secos, preparar una masa de fritura, hacer un relleno, cocer unos cereales, blanquear y secar las verduras o incluso —en el caso de la berenjena o el calabacín— asarlas al horno y dejar que se atemperen: todo esto puedes hacerlo unas horas o incluso un día antes. Tal vez no sea buena idea picar las hierbas aromáticas con antelación, pero desde luego puedes tenerlas a punto. Tan sólo tápalas con un trozo de papel de cocina ligeramente humedecido y guárdalas en la nevera hasta el momento de usarlas.

La carne admite muchas preparaciones previas. Puedes amasar las albóndigas con antelación y cocinarlas en el momento, o incluso dorarlas en la sartén y calentarlas antes de servirlas. Los muslos de pollo y el solomillo de vacuno pueden adobarse un par de días antes de cocinarlos. Los guisos a fuego lento también pueden prepararse dos días antes y recalentarse justo antes de llevarlos a la mesa.

Son muchos los postres que pueden y deben prepararse con antelación. Los helados necesitan pasar por el congelador, claro está, mientras que muchos bizcochos y la mayoría de las galletas se conservan bien en un recipiente hermético, y las tartas heladas requieren unas horas de refrigeración. También hay recetas con distintos elementos que pueden prepararse con antelación y montarlas en el último momento. La tarta de queso de la pág. 268 es uno de estos casos: las fresas, la base de galleta y la masa de queso pueden dejarse listas, de modo que unos minutos bastarán para servir un postre espectacular.

La gracia de estas recetas es que, cuando sabes que todo está prácticamente hecho, nada te distrae del momento presente y puedes disfrutar más de la comida. Cuando invitas a comer a los amigos o la familia, es tan importante disfrutar de su compañía como compartir con ellos los alimentos que has preparado, y no debería haber un abismo entre lo bien que se lo pasa uno planeando una comida y lo mal que puede llegar a pasarlo preparándola. Nadie va a comer a casa de unos amigos esperando que elaboren los platos al momento ni que revisen el emplatado antes de servírselos. Para eso están los restaurantes. Si te gusta planificar los menús con tiempo y preparar la comida con antelación, no intentes convertirte en un chef profesional —y desquiciado— la noche que tus amigos vienen a cenar.

Exprés

Con los ingredientes ya comprados, un cuchillo afilado, el horno encendido y la encimera despejada, tardarás menos de treinta minutos en llevar estos platos a la mesa. Las recetas de pasta son una apuesta segura por su escaso tiempo de cocción, al igual que el pescado, que por lo general se hace en un suspiro. Pero la carne también puede ser rápida de preparar, y elaboraciones como las minihamburguesas de cordero o las escalopas de pollo necesitan muy poca cocción. Los platos de verduras crudas suelen ser rápidos por naturaleza, al igual que buena parte de las recetas pensadas para el *brunch*, porque eso es lo que buscamos si nos ponemos a cocinar un domingo por la mañana.

Las recetas incluidas bajo el epígrafe E de «Exprés» son las que preparo para cenar entre semana, y también las que sirvo a mis amigos cuando vienen a *brunchear* los fines de semana. Son platos que se preparan tan deprisa y con tan poco esfuerzo, que a veces me lío a hacer cinco o seis al mismo tiempo y, como quien no quiere la cosa, lo que iba a ser una comida sencilla acaba convirtiéndose en todo un banquete.

Nota sobre los ingredientes, tiempos y temperaturas de horneado

Salvo que se indique lo contrario, los huevos son grandes, la leche es entera, los pesos entre paréntesis son netos, la sal es fina, la pimienta está recién molida, el perejil es de hoja lisa y todas las hierbas aromáticas son frescas. Las cebollas son blancas, el aceite de oliva es virgen extra y, cuando se usa ralladura de lima o limón, conviene evitar el albedo o parte blanca. Salvo que se indique lo contrario, las cebollas, el ajo y las chalotas deben pelarse. Los limones en conserva son pequeños. A lo largo del libro he usado la *harissa* de rosas de la marca Belazu, pero la *harissa* varía mucho según la marca, por lo que se señala la necesidad de ajustar las cantidades indicadas.

Cuando es posible preparar de antemano una receta o parte de la misma, se indica aproximadamente con cuánta antelación se puede hacer: hasta seis horas, hasta dos días, hasta una semana, etcétera. No obstante, hay varias circunstancias que pueden influir en el tiempo durante el cual los alimentos se conservan en buenas condiciones —cuántas horas han pasado fuera de la nevera, la temperatura ambiente en la cocina—, por lo que las recomendaciones en este sentido deben sopesarse teniendo en cuenta cada caso para determinar si algo sigue siendo apto para el consumo. Si la receta recomienda guardar un plato en la nevera y lo preparas de antemano, deja que se atempere fuera del frigorífico o caliéntalo antes de servirlo.

Todas las recetas se han probado en un horno con ventilador. Si el tuyo no dispone de esta función, puedes encontrar una tabla de conversión para hornos convencionales en el sitio web indicado abajo. También recomendamos usar un termómetro específico para hornos, puesto que la potencia de los aparatos varía según el modelo y la marca: www.books.ottolenghi.uk.

Brunch

Huevos escalfados con puerro y *za'atar*

Para 6 personas

30 g de mantequilla sin sal

2 cdas de aceite de oliva

2 puerros grandes
   (o 4 más pequeños),
   despuntados y cortados
   en rodajas de ½ cm
   (530 g)

1 cdta de semillas
   de comino, tostadas
   y ligeramente majadas

2 limones encurtidos
   pequeños, sin semillas,
   piel y pulpa finamente
   picadas (30 g)

300 ml de caldo de
   verduras

200 g de espinacas *baby*

6 huevos grandes

90 g de queso feta,
   desmenuzado en trozos
   de 2 cm

1 cda de *za'atar*

sal y pimienta negra

He aquí un plato de lo más reconfortante que se prepara en un abrir y cerrar de ojos. Estará igual de bueno como brunch, acompañado de una taza de café, que como una cena ligera, con un buen pan rústico y una copa de vino. Los puerros y las espinacas pueden hacerse incluso un día antes y guardarse en la nevera hasta el momento de escalfar los huevos.

1. En una cazuela grande con tapa, calienta la mantequilla y una cucharada de aceite a fuego medio-fuerte. Cuando la mantequilla empiece a espumear, añade los puerros, ½ cucharadita de sal y pimienta en abundancia. Sofríe durante 3 minutos, removiendo a menudo, hasta que los puerros estén tiernos. Añade el comino, el limón y el caldo de verduras y déjalo cocer durante 4 o 5 minutos, hasta que la mayor parte del caldo se haya evaporado. Incorpora las espinacas y saltea durante un minuto, hasta que hayan menguado. Baja el fuego.

2. Usa una cuchara grande para hacer seis huecos en la mezcla y casca un huevo en cada uno. Sazona los huevos con una pizca de sal, esparce el queso feta por encima y tapa la cazuela. Déjalos cocer a fuego lento durante 4 o 5 minutos más, hasta que las claras de huevo hayan cuajado, pero las yemas sigan líquidas.

3. Mezcla el *za'atar* con la cucharada de aceite restante y pinta los huevos con este aceite especiado. Sirve enseguida, directamente en la cazuela.

Tortillas de *harissa* y queso manchego

Me gusta servir este plato como brunch o para una cena exprés, acompañado de una ensalada de tomate y aguacate. Las cebollas pueden caramelizarse con dos días de antelación y conservarse en la nevera, así que ya puestos vale la pena hacer el doble de la cantidad indicada y añadir una cucharada de cebolla caramelizada a unos huevos revueltos o a una ensalada de cuscús, por ejemplo. Si lo prefieres, prepara la mezcla de los huevos la víspera y déjala reposar en la nevera. Así lo tendrás todo a punto para echarlo en la sartén.

Para 4 personas
85 ml de aceite de oliva
1 cebolla grande, cortada en juliana fina (250 g)
12 huevos grandes, ligeramente batidos
100 ml de leche entera
4 ½ cdas de *harissa* de rosas (o 50 % más o menos, según la variedad; véase la pág. 301) (80 g)
2 cdtas de semillas de ajenuz
15 g de cilantro, picado grueso
110 g de queso manchego, rallado grueso
2 limas, cortadas por la mitad, para servir
sal y pimienta negra

1. Precalienta el grill del horno a 250 °C.

2. En una sartén que puedas meter en el horno de tamaño mediano (18-20 cm), calienta tres cucharadas de aceite a fuego medio. Añade la cebolla y rehoga durante 15 minutos, removiendo de vez en cuando, hasta que la cebolla se caramelice y esté bien dorada. Vierte la cebolla en un bol grande y añade los huevos, la leche, la *harissa*, las semillas de ajenuz, la mitad del cilantro, ½ cucharadita de sal y un buen pellizco de pimienta recién molida. Bate para integrarlo todo y reserva.

3. Limpia con papel de cocina la sartén en la que has rehogado la cebolla y calienta dos cucharaditas de aceite a fuego vivo. Vierte un cuarto de la mezcla de huevo, agitando la cazuela con un movimiento circular para que se reparta de forma homogénea. Al cabo de un minuto, espolvorea con un cuarto del queso manchego y gratina en el horno durante un minuto, para que el queso se funda y los huevos acaben de cuajar. Usando una espátula para separar la tortilla de los lados de la cazuela, pásala a una fuente de servir. Reserva en un lugar cálido mientras repites la operación tres veces, hasta agotar la mezcla de huevo, añadiendo más aceite para cada nueva tortilla.

4. Sirve las tortillas enseguida, espolvoreadas con el cilantro restante y acompañadas de un gajo de lima.

Frittata de calabacín y chapata

Ésta es una de las recetas que solemos preparar en casa los fines de semana, cuando Karl y yo invitamos a comer a los amigos. Por lo general la servimos con una ensalada de lechugas variadas y hierbas aromáticas, aliñada con zumo de limón y aceite de oliva y espolvoreada con un poco de feta desmenuzado. La frittata es un plato ligero, esponjoso y reconfortante como sólo pueden serlo los platos que mezclan pan, leche y nata. No desperdicies la corteza de la chapata: puedes procesarla en la picadora para tener pan rallado fresco y congelarlo sin problemas. Puedes hornear la frittata con unas 4 horas de antelación y luego calentarla durante 5 minutos antes de servirla. Lo ideal es comerla el día que se prepara, pero se conservará bien en la nevera 24 horas. Caliéntala durante 10 minutos y listos.

1. Precalienta el horno a 180 °C con el ventilador en marcha.

2. En un cuenco mediano, mezcla el pan, la leche y la nata. Tapa y deja reposar durante 30 minutos, para que el pan absorba la mayor parte del líquido.

3. En un bol grande, pon los ajos, los huevos, el comino, 50 g de parmesano, ¾ de cucharadita de sal y ¼ de cucharadita de pimienta. Remueve y añade el pan y el líquido que éste no haya absorbido, seguido del calabacín y la albahaca. Mezcla con delicadeza.

4. Calienta una fuente refractaria de 20 x 25 cm en el horno durante 5 minutos. Sácala del horno, úntala con aceite y vierte la mezcla anterior. Nivela la superficie y hornea durante 20 minutos. Espolvorea la *frittata* con el parmesano restante y hornéala 20 o 25 minutos más, hasta que esté bien cuajada —al insertar un cuchillo en el centro, deberá salir limpio— y la parte superior se haya dorado. Déjala reposar durante 5 minutos y sírvela.

Para 6 personas

500 g de pan tipo chapata, sin la corteza, troceado (250 g)

200 ml de leche entera

200 ml de nata para montar

2 dientes de ajo grandes, prensados

6 huevos grandes, ligeramente batidos

¾ de cdta de comino molido

80 g de queso parmesano, rallado fino

2 calabacines medianos, rallados gruesos (430 g)

25 g de hojas de albahaca, troceadas

2 cdas de aceite de oliva

sal y pimienta negra

Brioche con champiñones Portobello y huevo escalfado

Como suele pasar con las recetas a base de huevo y pan tostado que se elaboran por la mañana, el secreto está en el buen manejo de los tiempos. Lo ideal es que los champiñones y la tostada salgan del horno más o menos al mismo tiempo, para que estén templados, y que los huevos no tarden mucho más. Empieza por los champiñones, a media cocción mete el pan en el horno y entonces pon a escalfar los huevos. Este plato funciona igual de bien como entrante de una cena que como desayuno o brunch. Cuando quieras darte un capricho, usa huevos de pato.

Para 4 personas

400 g de champiñones Portobello, cortados en láminas de 1 cm de grosor

75 ml de aceite de oliva

2 dientes de ajo, prensados

½ cdta de canela molida

5 g de hojas de albahaca, troceadas

⅛ de cdta de guindilla en copos, y un poco más para emplatar

4 rebanadas de brioche de 2 cm de grosor cada una (150 g)

4 huevos grandes

100 g de nata agria, para servir

sal marina en escamas y pimienta negra

1. Precalienta el horno a 220 °C con el ventilador en marcha.

2. Mezcla los champiñones con tres cucharadas de aceite, un diente de ajo, ¼ de cucharadita de canela, ½ cucharadita de sal en escamas y una buena pizca de pimienta. Extiende sobre una bandeja refractaria grande forrada con papel vegetal

y hornéalos durante 15 minutos, removiendo a media cocción, hasta que los champiñones estén tiernos y empiecen a tomar color. Mézclalos con la albahaca y resérvalos.

3. Mientras los champiñones están en el horno, mezcla las dos cucharadas de aceite restante con ¼ de cucharadita de canela, un diente de ajo, la guindilla en copos y ¼ de cucharadita de sal en escamas. Unta las rebanadas de brioche con el aceite especiado por una sola cara y disponlas en otra bandeja de hornear forrada con papel vegetal, con la parte untada hacia arriba. Cuando falten 6 o 7 minutos para sacar los champiñones del horno, introduce la bandeja del pan y hornéalo hasta que la parte superior se vea dorada y crujiente.

4. Entretanto, pon abundante agua en una cacerola mediana a fuego alto. Cuando rompa a hervir, baja un poco el fuego y casca los huevos con cuidado. Escálfalos durante un minuto y medio si te gusta la yema líquida, y un poco más si la prefieres ligeramente cuajada.

5. Reparte las rebanadas de brioche en cuatro platos y cúbrelas con los champiñones asados. Usando una espumadera, saca los huevos del agua y acomódalos sobre el lecho de champiñones. Adereza con una pizca de sal y otra de copos de guindilla y sirve este plato tibio, acompañado de una buena cucharada de nata agria.

Revuelto de tofu
con *harissa*

Esta receta llegó a nuestra carta como un desayuno sin proteína animal, y desde entonces ha hecho las delicias de todos nuestros clientes, sean o no veganos, como alternativa a los huevos. Lo servimos sobre gruesas rebanadas de pan rústico y lo acompañamos con una ensalada verde que aporta frescura. Si tienes cerca un supermercado asiático, el toque crujiente de las chalotas fritas también le va como anillo al dedo. Y si intuyes que este revuelto pasará a ser un clásico de tus desayunos, duplica o cuadruplica la cantidad de cebolla con harissa. *Se conserva bien en la nevera durante cinco días y te permitirá preparar esta receta en 5 minutos, algo que debemos agradecer a Claire Hodgson.*

I. En una sartén grande, calienta el aceite a fuego medio-alto. Añade las cebollas y rehógalas durante 9 o 10 minutos, removiendo con frecuencia hasta que estén blandas y caramelizadas.

2. Mientras la cebolla se rehoga, mezcla todos los ingredientes de la ensalada con ⅓ de cucharadita de sal y reserva.

3. Añade la *harissa* a la cebolla y sigue removiendo durante un minuto. Añade el tofu y ¾ de cucharadita de sal. Usa un tenedor o un prensa patatas para desmenuzar el tofu, de modo que parezca un huevo revuelto, y sigue salteándolo durante 2 minutos más para que se caliente. Sirve el revuelto de tofu sobre la rebanada de pan tostado, acompañado de la ensalada.

Para 6 personas

2 cdas de aceite de oliva

2 cebollas, cortadas finas en juliana (300 g)

1 ½ cdas de *harissa* de rosas (o 50 % más o menos, según la variedad; véase la pág. 301) (22 g)

700 g de tofu *silken*, escurrido

6 rebanadas de pan de masa madre, tostado o marcado a la plancha

sal

ENSALADA DE AGUACATE Y PEPINO

½ pepino, sin semillas, cortado por la mitad a lo largo y luego en finas rodajas en diagonal (180 g)

2 guindillas verdes, sin semillas y cortadas en láminas finas

3 aguacates maduros, cortados en láminas finas (400 g)

20 g de hojas de cilantro

1 cda de aceite de oliva

2 cdas de zumo de lima

1 cdta de semillas de ajenuz

Tostada con mantequilla de aguacate y tomatitos aliñados

Para 2 personas como
ración generosa, para
4 como aperitivo

2-3 aguacates muy
   maduros, a temperatura
   ambiente, pelados
   y deshuesados (250 g)

60 g de mantequilla sin sal,
   reblandecida y cortada
   en dados de 2 cm

3 limas: 1 ½ cdas
   de ralladura fina
   y 1 ½ cdas de zumo

10 g de hojas de estragón,
   picadas gruesas

10 g de eneldo, picado
   grueso

200 g de tomates cherry,
   cortados en cuartos

2 cdtas de alcaparras,
   picadas finas

2 cdas de aceite de oliva,
   y un poco más para
   servir

4 rebanadas de pan
   de masa madre (300 g)

1 diente de ajo pequeño,
   pelado y cortado por la
   mitad

¼ de cdta de semillas
   de comino, tostadas
   y majadas

sal y pimienta negra

La única forma de mejorar la textura cremosa y rica del aguacate es, por supuesto, combinarla con la textura cremosa y rica de la mantequilla. Y no sufras por el exceso de grasa: los tomatitos aportan el toque de frescura y acidez y el equilibrio necesarios a este plato.

Asegúrate de que el aguacate está en su punto y la mantequilla bien reblandecida para que ambos ingredientes se integren bien. Pero no sucumbas a la tentación de derretir la mantequilla con calor, porque eso hará que se corte. Simplemente déjala a temperatura ambiente durante unas horas. Si lo prefieres, tanto los tomatitos aliñados como la mantequilla de aguacate pueden prepararse con un día de antelación. Guárdalos en recipientes separados y consérvalos en la nevera.

1. Usando una batidora de mano o el robot de cocina, mezcla el aguacate y la mantequilla con la mitad de la ralladura y del zumo de lima y ½ cucharadita de sal. Procesa hasta obtener una crema suave, usando una espátula para rebañar las paredes del recipiente, si fuera necesario. Pasa la crema a un cuenco y añade dos tercios de las hierbas aromáticas. Mézclalo y refrigera durante 10 minutos.

2. Mezcla los tomates cherry, las alcaparras, la ralladura y el zumo de lima restantes, el aceite de oliva y una buena pizca de pimienta. Reserva hasta el momento de emplatar.

3. Tuesta el pan o márcalo a la plancha y luego frótalo por una cara con el ajo cortado. Deja que se enfríe un poco, unta el pan con la mantequilla de aguacate y corónalo con los tomatitos aliñados. Espolvorea con las semillas de comino y las hierbas aromáticas restantes. A la hora de servir, añade un toque de pimienta y un chorrito de aceite de oliva.

Pan de remolacha, alcaravea y queso de cabra

Para una hogaza,
10 rebanadas
50 g de copos de avena
10 g de hojas de tomillo,
  picadas finas
50 g de semillas
  de calabaza
2 cdtas de semillas
  de alcaravea
2 cdtas de semillas
  de ajenuz
100 g de harina de trigo
100 g de harina de trigo
  integral
2 cdtas de levadura en
  polvo
¼ de cdta de bicarbonato
  sódico
2 remolachas (crudas, no
  de las que se venden
  cocidas y envasadas
  al vacío), peladas
  y ralladas finas (200 g)
2 huevos grandes
80 ml de aceite de girasol,
  y 1 cda más para
  engrasar el molde
80 g de nata agria
1 cda de miel
20 g de queso parmesano,
  rallado fino
120 g de queso de cabra
  tierno y cremoso,
  desmenuzado en trozos
  de unos 2 cm
sal

¿Hay algo más simple que hacer un pan que no requiere fermentación ni amasado? Su textura se asemeja a la de un pastel, así que tal vez no sea ideal para preparar sándwiches, pero estará divino cortado en rebanadas gruesas y untado con mantequilla. A la hora de calentarlo, hazlo en el horno y no en la tostadora, pues se desmiga con facilidad. Una vez horneado, se conservará hasta una semana en un recipiente hermético y hasta un mes en el congelador. Deja que se descongele a temperatura ambiente antes de cortarlo y tostarlo.

1. Precalienta el horno a 180 °C con el ventilador en marcha. Engrasa y forra la base de un molde rectangular de 20 x 10 cm.

2. En un cuenco pequeño, mezcla los copos de avena, el tomillo y las semillas de calabaza, alcaravea y ajenuz. En un bol aparte, mezcla las dos harinas con la levadura en polvo, el bicarbonato sódico y ¾ de cucharadita de sal. Remueve para integrar y airear los ingredientes. Añade la remolacha rallada y la mezcla de copos de avena y semillas, reservando una cucharada. No remuevas la masa resultante. Reserva.

3. En un recipiente aparte, bate los huevos, el aceite, la nata agria, la miel y el queso parmesano. Vierte sobre la mezcla anterior y usa una espátula para integrar todos los ingredientes. Añade el queso de cabra y remueve con delicadeza, intentando no deshacer los trozos de queso.

4. Vierte la masa en el molde previamente forrado y reparte por encima la cucharada restante de copos de avena y semillas. Hornéala durante 40 minutos, sella el molde con papel de aluminio y continúa la cocción durante 40 minutos más. Al insertar un palillo en el centro de la hogaza, éste no debe salir completamente seco, pero tampoco mojado. Retira el pan del horno y deja que repose durante 5 minutos. Desmóldalo sobre una rejilla y dale la vuelta para que quede con el lado de las semillas hacia arriba. La corteza debe tener un aspecto crujiente y tostado. Deja que se enfríe durante 20 minutos, por lo menos, antes de cortarlo.

Pastel de maíz con cheddar, feta y jalapeños

Qué alegría da llevar a la mesa un pastel como éste, recién salido del horno o de la sartén. Es tan sabroso que se puede comer como plato único, pero estará encantado de compartir mantel con unas lonchas de beicon y una ensalada de aguacate.

Lo mejor es comerlo el mismo día que se hornea, pero al siguiente seguirá estando delicioso. Caliéntalo un poco en el horno y listos. También puedes congelarlo durante todo un mes. Si no encuentras maíz fresco, puedes usar 150 g de granos de maíz congelado.

1. Precalienta el horno a 170 °C con el ventilador en marcha.

2. Calienta a fuego vivo una cazuela de hierro fundido grande, de unos 28 cm de diámetro, que pueda ir al horno. Cuando esté bien caliente, añade los granos de maíz y tuéstalos durante 4 o 5 minutos, removiendo de vez en cuando, hasta que estén ligeramente chamuscados. Retíralos de la cazuela y deja que se enfríen.

3. En un recipiente grande, tamiza la harina, la levadura en polvo, el bicarbonato sódico, el comino molido y la pimienta de cayena. Añade el azúcar, 1 ½ cucharadita de sal y una buena pizca de pimienta. Mézclalo y reserva.

4. En un bol aparte, bate ligeramente la polenta, la nata agria, los huevos y 120 ml de aceite. Añade esta mezcla a los ingredientes secos e incorpora la cebolleta, el cilantro, el jalapeño y el maíz tostado, removiendo lo menos posible.

5. Con una cucharada de aceite, engrasa la base y los lados de la cazuela que has usado para tostar el maíz. Vierte la masa y esparce por encima todos los ingredientes de la cobertura. Hornea de 40 a 45 minutos, hasta que al introducir un palillo éste salga limpio. Sirve el pastel caliente, recién sacado del horno, o deja que se enfríe durante 30 minutos y sírvelo tibio o a temperatura ambiente ese mismo día. Si lo comes al día siguiente, caliéntalo en el horno justo antes de llevarlo a la mesa.

Para 10-12 personas

2 mazorcas de maíz frescas pequeñas, desgranadas (150 g)
140 g de harina de trigo
1 cdta de levadura en polvo
½ cdta de bicarbonato sódico
1 cda de comino molido
1 cdta de pimienta de cayena
50 g de azúcar moreno claro
180 g de polenta instantánea
360 g de nata agria
2 huevos grandes
135 ml de aceite de oliva
4 cebolletas, picadas gruesas
10 hojas de cilantro, picadas
1 pimiento jalapeño fresco, picado fino
sal y pimienta negra

PARA LA COBERTURA

100 g de queso feta, desmenuzado
100 g de queso cheddar curado, rallado grueso
1 pimiento jalapeño fresco, cortado en láminas finas
½ cebolla roja, cortada en láminas de 0,5 cm
2 cdtas de semillas de ajenuz

Buñuelos de guisantes, *za'atar* y feta

Para 6 personas
(salen 25-30 buñuelos)

500 g de guisantes
    congelados,
    previamente
    descongelados

120 g de ricotta

3 huevos grandes, batidos

1 limón: 1 cdta
    de ralladura fina
    y 6 cuñas para servir

3 cdas de *za'atar*

100 g de harina de trigo

1 ½ cdtas de levadura en
    polvo

20 g de hojas de menta,
    picadas finas

200 g de queso feta,
    desmenuzado en trozos
    de 2 cm

800 ml de aceite de girasol
    (aproximadamente),
    para freír

Sal y pimienta negra

Esta receta reúne algunos de mis ingredientes favoritos: guisantes, ricotta, za'atar y feta. Si a esto le añadimos las palabras «buñuelo» y «frito», me encontraréis a pie de fogón, comiéndolos según van saliendo de la sartén, calentitos y crujientes. Para quienes sepan contenerse, también están deliciosos a temperatura ambiente, aunque habrán perdido ese punto crujiente. Puedes preparar la masa con antelación y guardarla en la nevera durante un día. Si lo haces, acuérdate de no añadir la levadura en polvo y la menta hasta que vayas a freír los buñuelos.

Yo acostumbro a servirlos con unas cuñas de limón para exprimir por encima, pero, si quieres darle un toque original, prepara una salsa de nata agria para sustituir o acompañar el limón. Simplemente mezcla 300 g de nata agria, 10 g de hojas de menta picadas, 2 cucharaditas de menta seca, ½ cucharadita de ralladura fina de limón y ¼ de cucharadita de sal.

1. Tritura un poco los guisantes en el robot de cocina (deben quedarte trozos) y pásalos a un bol grande. Añade la ricotta, los huevos, la ralladura de limón, ¾ de cucharadita de sal y una buena pizca de pimienta. Remueve bien y añade el *za'atar*, la harina y la levadura en polvo. Mezcla todos los ingredientes sin trabajar demasiado la masa e incorpora la menta y el queso feta con delicadeza, procurando no romper los trozos.

2. Pon el aceite en una cacerola mediana a fuego vivo. Cuando esté caliente, usa dos cucharas de postre para moldear los buñuelos, ya sean redondos o en forma de *quenelle*. No te preocupes por hacerlos uniformes, pero deben tener unos 4 cm de ancho. Introdúcelos con cuidado en el aceite —deberías poder hacerlos en tandas de seis o siete— y fríelos de 3 a 4 minutos, dándoles la vuelta una vez, hasta que estén bien hechos por dentro y dorados por fuera. Si se hacen demasiado deprisa o se tuestan más de la cuenta, baja un poco el fuego. Usando una espumadera, pásalos a una fuente con papel de cocina y sigue friendo hasta acabar la masa. Sirve los buñuelos calientes con unas cuñas de limón.

Buñuelos iraníes de hierbas aromáticas

Para 4-8 personas
(dependiendo de si
sirves 1 o 2 buñuelos
por comensal)

40 g de eneldo, picado
fino

40 g de hojas de albahaca,
picada fina

40 g de hojas de cilantro,
picado fino

1 ½ cdtas de comino
molido

50 g de pan desmigado
(unas 2 rebanadas
de pan, con la corteza
si es tierna)

3 cdas de bayas de
agracejo (o pasas
de Corinto; véase
la pág. 301)

25 g de nueces peladas,
ligeramente tostadas
y picadas gruesas

8 huevos grandes, batidos

60 ml de aceite de girasol,
para freír

sal

Estos buñuelos pueden comerse tal cual, a temperatura ambiente, como aperitivo, o pueden servirse con una salsa verde de tahina y hierbas aromáticas. Basta con mezclar 50 g de tahina, 30 g de perejil, medio diente de ajo aplastado, 2 cucharadas de zumo de limón y ⅛ de cucharadita de sal. Procésalo todo en el robot de cocina durante 30 segundos y añade 125 ml de agua. Retrasar la incorporación del agua nos permite triturar bien el perejil, que teñirá la salsa de un intenso tono verde. Este aliño es perfecto para acompañar toda clase de platos —carne y pescado a la brasa o verduras asadas, por ejemplo—, así que haz el doble o el triple de la cantidad indicada y guárdalo en la nevera. Se conserva bien durante cerca de cinco días. Cuando lo saques de la nevera, tal vez sea buena idea añadirle un poco de agua o zumo de limón para devolverle la consistencia ideal.

Estos buñuelos son una buena excusa para hacer una limpieza de la nevera, porque puedes usar cualquier hierba aromática que tengas a mano. Mientras respetes las proporciones indicadas y mezcles varias hierbas, el éxito estará asegurado. La masa de los buñuelos se conserva en la nevera durante un día.

Otra buena idea es rellenar un pan de pita con los buñuelos y regarlos con un aliño de yogur, salsa picante, encurtidos y tahina, por ejemplo. En ese caso, bastará con un buñuelo por persona.

1. En un bol grande, mezcla todos los ingredientes, excepto el aceite, y añade ½ cucharadita de sal. Remueve bien y reserva.

2. Pon dos cucharadas de aceite en una sartén antiadherente grande a fuego vivo. Cuando esté caliente, ve echando cucharadas de masa a la sartén. Fríe los buñuelos en tandas de cuatro, si puedes —lo ideal es que cada uno mida cerca de 12 cm de ancho—, o en tandas de dos o tres. Fríelos por cada lado durante 1 o 2 minutos, hasta que estén crujientes y dorados. Pásalos a una fuente con papel de cocina y resérvalos mientras fríes las tandas siguientes hasta acabar la masa.

3. Sirve los buñuelos calientes o a temperatura ambiente.

Verduras crudas

Crema fría de pepino, coliflor y jengibre

S M L E

Para 4 personas

4 ramas de menta fresca
1 trozo de jengibre
de 12 cm, pelado:
⅔ rallados gruesos
y ⅓ cortado en láminas
finas de unos 3 mm
de grosor (90 g)
½ coliflor pequeña,
cortada en ramilletes
de 2 cm (350 g)
3 pepinos grandes u
8 pepinos mini, pelados,
sin semillas (si es de los
grandes) y picados
gruesos (650 g)
1 diente de ajo, aplastado
500 g de yogur tipo griego
2 cdas de zumo de limón
60 ml de aceite de oliva
70 g de almendras en
láminas
2 cdas de menta seca
sal y pimienta blanca

Cuando pensamos en una crema fría de verano, lo primero que nos viene a la cabeza es el gazpacho, hasta el punto de que a veces ni nos acordamos de que existen otras posibilidades. He aquí una de esas alternativas, una crema fresca y rica en texturas. Si encontráis pepinos mini, usadlos; su pulpa es más firme que la de los largos y tienen mucha menos agua, por lo que su sabor es más intenso.

Esta crema se conserva bien en la nevera durante dos días. Las almendras deben saltearse y añadirse a la crema justo antes de servirla.

1. Vierte 800 ml de agua en una cacerola mediana y añade las ramas de menta fresca, el jengibre laminado y dos cucharaditas de sal. Lleva a ebullición y añade la coliflor. Blanquéala durante 2 o 3 minutos, hasta que esté al dente. Escúrrela y resérvala. Puedes desechar la menta y el jengibre.

2. Pon los pepinos en un vaso batidor o robot de cocina junto con el jengibre rallado, el ajo, el yogur, el zumo de limón, una cucharadita de sal y ½ cucharadita de pimienta blanca. Tritúralos hasta obtener una crema homogénea y refrigérala durante una hora, como mínimo.

3. En una sartén pequeña, calienta el aceite a fuego medio y añade las almendras. Saltéalas de 3 a 4 minutos, removiendo con frecuencia, hasta que se tuesten ligeramente. Pásalas a un bol e incorpora la menta seca. Añade una pizca de sal y deja que se enfríen.

4. Cuando vayas a servir, reparte los ramilletes de coliflor entre cuatro cuencos y vierte por encima la crema fría. Añade una cucharada de almendras tostadas y llévala a la mesa.

Carpaccio de tomate corazón de buey con aliño de cebolleta y jengibre

Como ocurre siempre que preparamos un plato a base de tomate, y más si lo usamos en crudo, el secreto está en la calidad de la materia prima. Los tomates deberán estar en el punto óptimo de maduración y el vinagre de jerez tiene que ser de la mejor calidad (como el de Valdespino). Si te apetece, duplica o triplica la cantidad de aliño indicada. Es un toque ideal para toda clase de platos —prueba a usarlo en el pollo asado, por ejemplo, o sobre una tostada con mozzarella o aguacate (o ambos)— y además se conserva en la nevera durante cinco días. Una vez preparado, el carpaccio aguanta hasta 6 horas en la nevera, pero deja que se atempere antes de servirlo. Gracias a Ixta Belfrage por fijarse en el plato de la mesa contigua en un restaurante de Chinatown y por pedirlo para saciar su curiosidad.

1. En un mortero, mezcla el jengibre y ½ cucharadita de sal en escamas. Májalo hasta obtener una pasta homogénea. Pásala a un bol, añade la cebolleta y mezcla.

2. En una sartén pequeña, calienta el aceite a fuego suave, sólo hasta que se entibie. Vierte el aceite sobre la cebolleta y añade una cucharadita de vinagre. Remuévelo y reserva.

3. Dispón las rodajas de tomate en una fuente grande, solapándolas ligeramente entre sí. Sazónalas con ¼ de cucharadita de sal en escamas y riégalas con la cucharadita de vinagre restante. Reparte el aliño de cebolleta y jengibre sobre los tomates con una cuchara (o mejor con las manos), esparce por encima la guindilla y el cilantro y remata el plato con un chorrito de aceite de oliva.

Para 4 personas, como guarnición

1 trozo de jengibre de 2 cm, pelado y picado grueso (10 g)
3 cebolletas, cortadas en juliana fina (45 g)
40 ml de aceite de girasol (u otro aceite de sabor suave)
2 cdtas de vinagre de jerez de buena calidad
400 g de tomates corazón de buey (unos 2, dependiendo de su tamaño), cortados en rodajas de 2 mm de grosor
¼ de guindilla verde, sin semillas, picada fina
1 ½ cdas de cilantro picado fino
1 cda de aceite de oliva
sal marina en escamas

Raita de tomate y pepino

La pasta de guindilla se conserva durante tres días en la nevera, en un recipiente hermético. Y una vez preparado el plato, hasta dos días en el frigorífico.

Para 4 personas (raciones generosas)

200 g de yogur tipo
    griego

10 g de hojas de menta,
    picadas finas

1 cda de zumo de limón

2 cdtas de semillas
    de comino, tostadas
    y majadas

1 pepino grande
    (o 3-4 pepinos mini),
    cortados en cuartos a lo
    largo, retiradas las semillas
    con una cucharilla, la pulpa
    cortada en dados de 1 cm
    (300 g)

½ cebolla, picada fina
    (75 g)

200 g de tomates cherry,
    cortados en cuartos

sal

PASTA DE GUINDILLA VERDE

2 limones encurtidos
    pequeños, sin semillas,
    picados gruesos (50 g)

2 guindillas verdes, sin
    semillas, picadas

2 dientes de ajo, prensados

2 ½ cdas de aceite de oliva

1. Pon todos los ingredientes de la pasta de guindilla en un robot de cocina y añade ¼ de cucharadita de sal. Tritúralos hasta obtener una pasta gruesa y resérvala.

2. En un bol, mezcla el yogur con la menta, el zumo de limón, 1 ½ cucharaditas de semillas de comino y ⅓ de cucharadita de sal. Añade el pepino, la cebolla y los tomates y mezcla suavemente. Pásalo a una fuente poco profunda y vierte por encima la pasta de guindilla verde. Con un tenedor, peina la superficie de la *raita* en espiral, espolvorea con ½ cucharadita de semillas de comino y sírvela.

Ensalada de calabacín, tomillo y nueces

El aceite de ajo puede hacerse con antelación y se conserva durante tres días a temperatura ambiente. Los calabacines empiezan a soltar agua al poco de salarlos, así que, si preparas este plato entre 4 y 6 horas de antelación, no lo sazones ni le añadas el zumo de limón hasta que vayas a servirlo.

Para 4 personas

3 cdas de aceite de oliva
10 g de ramitas de tomillo
1 limón: 6 tiras de peladura
    fina y 2 cdas de zumo
1 diente de ajo, sin pelar
    y aplastado con la hoja
    de un cuchillo
4 calabacines (si los
    encuentras, una mezcla
    de calabacines verdes

y amarillos queda genial),
    cortados en láminas
    delgadas con un pelador
    de patatas o una mandolina
    (600 g)
60 g de nueces peladas,
    picadas gruesas
15 g de albahaca, troceada
    gruesa
sal y pimienta negra

1. En un cazo pequeño, mezcla el aceite, el tomillo, la peladura de limón y el ajo. Calienta a fuego suave y déjalo infusionar durante 8 minutos, hasta que el aceite quede aromatizado y el ajo, el limón y el tomillo empiecen a tomar color. Retíralo del fuego y deja que se enfríe. Cuando esté lo bastante frío para manipularlo, cuela el aceite y viértelo en un bol grande. Quita las hojas a las ramas de tomillo y añádelas al aceite. Desecha el limón y el ajo.

2. Incorpora el calabacín, las nueces, el zumo de limón y ⅓ de cucharadita de sal y pimienta al aceite. Mezcla todos los ingredientes con las manos durante un minuto —los calabacines se desmenuzarán ligeramente—, añade la albahaca y sirve.

Ensalada de tomate y pan con anchoas y alcaparras

Usa tantas variedades de tomate como puedas para este plato. El contraste de colores le da mucha vida. En verano no me canso de comer esta ensalada, sola o acompañando un filete de atún fresco.

El pan de masa madre tostado se conserva bien durante 4 horas, mientras que los tomates aguantan hasta 6 horas en la nevera, pero no añadas la albahaca hasta el momento de servir. Guarda todos los ingredientes por separado, sácalos de la nevera un rato antes para que se atemperen y mézclalos justo antes de llevar el plato a la mesa.

1. Mezcla los tres primeros ingredientes en una cacerola mediana, junto con ½ cucharadita de sal en escamas, y calienta a fuego lento. Rehógalos suavemente durante diez minutos, removiendo de vez en cuando, hasta que los ajos y las anchoas cedan al presionarlos con el dorso de una cuchara. Procura no calentar demasiado el aceite para evitar que el ajo se queme. Si empieza a borbotear, apártalo del fuego hasta que se enfríe. Transcurridos 10 minutos, retira la cacerola del fuego y añade los trozos de pan tostado. Remueve para que el pan se empape bien de aceite y pásalo a un bol grande. Deja el aceite, las anchoas y los ajos en la cacerola.

2. Mezcla los tomates, el zumo y la ralladura de limón, las alcaparras, el perejil y la albahaca.

3. Cuando vayas a servir, añade la mezcla anterior al bol donde has dejado el pan. Mézclalo todo con delicadeza y luego pásalo a una bandeja o fuente de servir. Vierte por encima el aceite con anchoas y el ajo restante y espolvorea los copos de guindilla.

Para 4-6 personas
4 dientes de ajo, prensados
6 filetes de anchoa en aceite, escurridos y picados finos (unos 20 g)
110 ml de aceite de oliva
100 g de pan de masa madre, con la corteza: rebanadas de 2 cm de grosor, ligeramente tostadas y cortadas en dados de 4 cm
500 g de tomates maduros, cortados en trozos de 4 cm
1 limón: 1 cdta de ralladura fina y 2 cdtas de zumo
1 cda de alcaparras, picadas gruesas
5 g de hojas de perejil, picadas finas
5 g de hojas de albahaca, picadas finas, y unas pocas más para servir
1 cdta de guindilla de Urfa en copos (o ½ cdta de cualquier otra guindilla en copos)
sal marina en escamas

Tomates con chalotas al zumaque y piñones

Para 4 personas

1 chalota grande, cortada
   en rodajas de 1 mm
   de grosor (70 g)
1 ½ cdas de zumaque
2 cdtas de vinagre de vino
   blanco
700 g de tomates: una
   mezcla de Raf, pera
   verde y rojo, cherry
   amarillo y rojo, o bien
   de una sola variedad
2 cdas de aceite de oliva
15 g de hojas de albahaca
25 g de piñones, tostados
sal y pimienta negra

*El éxito de esta receta depende de la calidad de los tomates.
Asegúrate de escogerlos en su punto óptimo de maduración
y jugosidad. Ésta es mi ensalada veraniega preferida, y suelo comerla
tal cual, con un poco de pan rústico para rebañar los jugos, o bien
como acompañamiento de lo que quiera que haya sobre la mesa.
Unos trozos de aguacate maduro tampoco le van mal.*

*Las chalotas pueden cocinarse la víspera y guardarse en la nevera.
Si quieres preparar este plato con antelación, corta los tomates
hasta 6 horas antes y guárdalos en la nevera, sin añadir el aceite,
la albahaca y los condimentos hasta el momento de servir.*

1. En un bol pequeño, mezcla las chalotas con el zumaque,
el vinagre y ⅛ de cucharadita de sal usando las manos —nos
interesa que las chalotas se impregnen bien de las especias—,
y déjalas reposar durante 30 minutos para que se reblandezcan.

2. Corta los tomates grandes por la mitad a lo largo y luego en
cuñas de 1 o 1,5 cm, y pásalos a un bol grande. Corta los tomates
cherry por la mitad a lo largo e incorpóralos al recipiente. Añade
el aceite de oliva, las hojas de albahaca, ⅓ de cucharadita de sal
y una buena pizca de pimienta y mézclalo todo con delicadeza.

3. Dispón los tomates en una fuente grande, añade las chalotas
y remueve ligeramente para que el tomate y la albahaca asomen
aquí y allá. Reparte por encima los piñones y sírvelo.

Ensalada oriental con *tahina* y *za'atar*

Para 4 personas, como entrante o guarnición

6 tomates pera maduros (o cualquier otra variedad de tomate maduro), cortados en dados de 1 cm (650 g)

2 pepinos mini o 1 pepino normal, cortado en dados de 1 cm (300 g)

1 pimiento rojo, sin semillas y cortado en dados de 1 cm (150 g)

5 cebolletas, cortadas en juliana fina, al bies (50 g)

15 g de cilantro, picado grueso

2 cdas de zumo de limón

3 cdas de aceite de oliva

200 g de queso feta, cortado en 4 trozos rectangulares (opcional)

4 cdas de *tahina*

2 cdtas de *za'atar*

sal

Añadir un poco de tahina *a una ensalada de tomate y pepino normal y corriente puede ser toda una revelación. Conviene usar una crema de sésamo cremosa, de sabor intenso y lo bastante fluida para poder verterla, características que suelen reunir las marcas israelíes, palestinas y libanesas (a diferencia de las griegas y chipriotas, menos ricas en sabor). Este plato es maravilloso como entrante, servido con queso feta, o bien como guarnición de un cordero a la parrilla o un arroz con lentejas (ya sea con o sin feta).*

1. Pon el tomate cortado en un colador sobre un bol. Déjalo reposar durante 20 minutos para que pierda parte de sus jugos. Pasa el tomate a un cuenco grande (puedes desechar el jugo o bien beberlo). Añade el pepino, el pimiento rojo, la cebolleta, el cilantro, el zumo de limón, el aceite y ½ cucharadita de sal. Mézclalo todo.

2. Cuando vayas a servir la ensalada, pásala a un bol, añade el queso feta (si vas a usarlo) y mezcla con suavidad. Riega con la *tahina* y esparce por encima el *za'atar* y una última pizca de sal.

Fotografía en la página 35

Cogollos de lechuga con aliño de hierbas

Para 4 personas,
como guarnición

½ aguacate muy maduro,
  pelado y deshuesado
  (90 g)

1 trozo de jengibre
  de 3 cm, pelado
  y picado grueso (20 g)

1 diente de ajo pequeño,
  machacado

2 limones: 1 cdta
  de ralladura fina
  y 3 cdas de zumo

1 guindilla verde (sin
  semillas si no te gusta el
  picante), picada gruesa

1 cda de *tahina*

85 ml de aceite de oliva

10 g de hojas de albahaca

10 g de hojas de estragón

10 g de eneldo

10 g de hojas de perejil

10 g de hojas de cilantro

4 cogollos de lechuga,
  despuntados y cortados
  en 8 trozos a lo largo
  (400 g)

2 cdtas de semillas
  de sésamo negro (o
  blanco), ligeramente
  tostadas

sal

Esta receta nació como una forma de aprovechar todas las hierbas aromáticas que Tara tenía en la nevera y que necesitaba liquidar, pero el experimento salió tan bien que volvió a aprovisionarse de todas ellas para poder seguir preparándola.

Si te propones hacer limpieza del cajón de las verduras, no te tomes al pie de la letra la cantidad de cada tipo de hierba aromática. Mientras se corresponda más o menos con lo indicado en la receta, no tendrás problemas.

También puedes duplicar las cantidades para hacer el aliño. Se conserva durante tres días en la nevera y queda de fábula con toda clase de platos: una ensalada de pollo o una niçoise de atún, por ejemplo, unos tubérculos asados o una simple ensalada de tomate y feta.

Si quieres, puedes adelantarte preparando el aliño hasta tres días antes y conservarlo en la nevera.

1. En un robot de cocina, mezcla el aguacate, el jengibre, el ajo, el zumo y la ralladura de limón, la guindilla y la *tahina* junto con 75 ml de aceite y ⅓ de cucharadita de sal. Tritúralo todo hasta obtener una pasta homogénea y añade las hierbas aromáticas. Vuelve a procesar y, con el robot de cocina en marcha, vierte despacio 60 ml de agua hasta lograr una textura cremosa.

2. Mezcla los cogollos con las dos cucharaditas restantes de aceite y ⅛ de cucharadita de sal. Disponlos en una fuente de servir, riega con el aliño y esparce las semillas de sésamo por encima.

Ensalada de pepino y canónigos

Para 4 personas

5 pepinos mini
   (o 1 ½ normal)
   (500 g)
30 g de canónigos
10 g de hojas de menta
10 g de hojas de cilantro
1 cdta de semillas
   de ajenuz

ALIÑO

1 cda de zumo de limón
1 diente de ajo pequeño,
   machacado
1 trozo de jengibre
   de 2 cm, rallado fino
   (10 g)
20 g de yogur natural
sal marina en escamas

A veces nos apoltronamos un poco con el aliño de las ensaladas. Incorporar nuevos ingredientes, como en este caso el jengibre y el yogur, puede ser todo un hallazgo. Prepara el pepino con antelación si así lo deseas, pero no lo aliñes hasta el momento de servir, porque soltaría agua durante la espera. Si usas pepinos de tamaño normal, acuérdate de retirar la parte central de las semillas antes de cortarlos. Esta ensalada es perfecta para acompañar toda clase de platos: una pierna de cordero asada, un salmón a la plancha o los buñuelos de guisantes, za'atar y feta de la pág. 20, por mencionar sólo tres.

Puedes hacer el aliño con dos días de antelación y guardarlo en la nevera. También puedes cortar y refrigerar los pepinos hasta 6 horas antes de servir la ensalada.

1. Para el aliño, bate todos los ingredientes con ⅓ de cucharadita de sal en escamas y reserva.

2. Corta los pepinos a lo largo en cuartos, y luego corta cada cuarto al bies en rodajas de 0,5 cm. Mézclalas en un recipiente grande con los canónigos, la menta y el cilantro. Remueve con suavidad, riega con el aliño y pasa la ensalada a un bol grande y poco profundo. Esparce por encima las semillas de ajenuz y sirve.

Fotografía a la derecha, junto a la Ensalada de melocotón y frambuesas a las cinco especias (pág. 41)

Ensalada de sandía, manzana ácida y lima

Esta ensalada es fantástica tal cual —no podría ser más veraniega, sana ni deliciosa—, pero puedes probar a espolvorearla con un puñado de cacahuetes, pistachos o anacardos tostados para darle una vuelta de tuerca.

Para 6 personas, como guarnición

½ sandía mediana (1,3 kg), sin piel ni semillas, cortada en bastones de 7 cm de largo y 0,5 cm de ancho (600 g)

2 manzanas Granny Smith, deshuesadas y cortadas en bastones de 7 cm de largo y 0,5 cm de ancho (250 g)

3 limas: 2 cdtas de ralladura fina y 3 cdas de zumo

1 cda de aceite de oliva

2 tallos de citronela, despuntados, desechadas las capas externas más leñosas, picada fina (10 g)

5 g de hojas de menta

10 g de hojas de cilantro

½ cda de semillas de mostaza negra, ligeramente tostadas

sal marina en escamas

1. Mezcla los ingredientes de la ensalada justo antes de servirla, porque de lo contrario se reblandecerán demasiado. En un bol grande, pon la sandía, la manzana, el zumo y la ralladura de lima, el aceite de oliva y la citronela con tres cuartas partes de las hierbas aromáticas y ¾ de cucharadita de sal en escamas. Usando las manos como colador natural, pasa la ensalada a una fuente. Quedarán bastantes jugos en el fondo del bol, pero no los necesitamos. Espolvorea con las hierbas aromáticas restantes, las semillas de mostaza y ¼ de cucharadita de sal en escamas, y sírvela.

Fotografía arriba a la derecha

Ensalada de melocotón y frambuesas a las cinco especias

Esta ensalada no tiene que quedar muy dulzona, así que procura usar melocotones que no estén demasiado maduros. Es una guarnición perfecta para el verano, y no digamos ya para barbacoas, ya que la fruta complementa y contrasta de maravilla con toda clase de carnes. La panceta de cerdo asada a baja temperatura combina especialmente bien con esta ensalada.

Para 4 personas, como guarnición

1 ½ cdas de vinagre
   de sidra
1 cdta de sirope de arce
1 cdta de 5 especias chinas
1 cda de aceite de oliva
1 chalota, cortada
   en juliana fina (20 g)
100 g de frambuesas

3 melocotones firmes,
   deshuesados, cortados
   por la mitad y luego en
   cuñas de 0,5 cm (290 g)
40 g de berros
½ achicoria pequeña,
   cortada en rodajas
   de 2 cm de grosor (50 g)
sal

I. En un bol grande, mezcla los primeros cinco ingredientes con ⅓ de cucharadita de sal. Añade las frambuesas, aplastándolas ligeramente con el dorso de un tenedor, y a continuación el resto de los ingredientes. Mézclalo bien y sirve.

Burrata con uvas braseadas y albahaca

La burrata —que significa «enmantequillado» en italiano— es uno de los grandes placeres de esta vida. Por fuera es firme como la mozzarella, pero en su interior alberga una tierna combinación de stracciatella y nata. Y, por supuesto, el contraste entre ambas texturas es una delicia. La burrata casa bien con toda clase de sabores: la acidez de los cítricos, el dulzor del vinagre balsámico, el punto ligeramente picante de la rúcula o las especias tostadas. En esta receta, las uvas tintas se ensartan y asan a la parrilla, una técnica tan sencilla como espectacular es el resultado. Si quieres adelantarte, puedes marinar las uvas en la nevera durante un día antes de asarlas. Si no encuentras burrata, la mozzarella de búfala es una buena alternativa.

1. Pon las uvas en un bol mediano con el vinagre, el aceite, el ajo, el azúcar, una cucharadita de semillas de hinojo, ¼ de cucharadita de sal en escamas y una buena pizca de pimienta. Mézclalo bien y reserva. Ensarta las uvas en brochetas, de modo que quepan cinco o seis en cada una. No deseches la marinada, pues la necesitarás para emplatar.

2. Pon a calentar una parrilla a fuego vivo y abre la cocina, para que ventile bien. Cuando la parrilla esté caliente, brasea las brochetas de uva por tandas durante 2 o 3 minutos, dándoles la vuelta una vez. Retíralas del fuego.

3. Cuando vayas a servir, corta las bolas de burrata por la mitad y repártelas en los platos. Dispón las brochetas de uva (dos por ración) sobre la burrata y vierte 1 ½ cucharaditas de la marinada por encima del queso. También puedes colocarlo todo en una fuente para que los invitados se sirvan. Espolvorea las semillas de hinojo restantes, decora con una ramita de albahaca y sirve.

Para 6 personas, como entrante generoso

320 g de uvas tintas sin pepitas, desgranadas

2 cdas de vinagre Valdespino (u otro vinagre de jerez de buena calidad)

3 cdas de aceite de oliva

1 diente de ajo, machacado

1 ½ cdtas de azúcar moreno

1 ½ cdtas de semillas de hinojo, tostadas y ligeramente majadas

3 bolas grandes de burrata o mozzarella de búfala (600 g)

6 ramitas de albahaca roja o verde (5 g), para servir

sal marina en escamas y pimienta negra

«Tabulé» de coliflor

Para 6 personas

1 coliflor grande (800 g)

75 ml de zumo de limón,
de unos 3 limones

7 cebolletas, picadas finas
(70 g)

50 g de perejil, picado
grueso

25 g de eneldo, picado
grueso

20 g de menta, picada
gruesa

1 cdta de pimienta
de Jamaica

3 cdas de aceite de oliva

100 g de semillas
de granada (aprox.
½ granada)

sal y pimienta negra

Si duplicas o triplicas las cantidades indicadas, trocea la coliflor en ramilletes y ponlos en un robot de cocina en lugar de picarlos a mano. Tritúralos a impulsos intermitentes hasta obtener una textura similar a la de los granos del tabulé, pero no te pases o acabarás con un puré de coliflor. En vez de la granada, o además de ésta, puedes usar pistachos tostados y picados gruesos para añadir un toque crujiente al plato.

1. Sostén la coliflor por el tallo y ralla los ramilletes y los tallos más pequeños en los orificios grandes de un rallador de queso (también puedes hacerlo en el robot de cocina, usando la cuchilla de rallado, y ganarás tiempo). Una vez rallada, la coliflor se parecerá al *bulgur* de trigo y debería pesar unos 700 g. Puedes cortar el tallo de la coliflor en láminas finas y añadirlo a ensaladas.

2. Pon la coliflor rallada en un bol grande junto con el zumo de limón y 1 ¼ cucharaditas de sal. Déjala marinar durante 20 minutos y luego añade la cebolleta, las hierbas aromáticas, la pimienta de Jamaica, el aceite y una buena pizca de pimienta negra. Mézclalo todo con delicadeza, pasa a una fuente o bol de servir, reparte por encima las semillas de granada y lleva el plato a la mesa enseguida.

Ensalada de cebolleta a las finas hierbas

He aquí una guarnición ideal para toda clase de carnes: su toque verde y aromático la hace perfecta para acompañar un pollo asado con limón en conserva (véase la pág. 227), mientras que el punto cítrico y refrescante le va que ni pintado a un cordero asado a fuego lento (véase la pág. 215) o unas albóndigas de ternera (véase la pág. 220).

Si encuentras pepinos mini, úsalos, pues contienen bastante menos agua que las variedades grandes. Si usas pepinos grandes, córtalos por la mitad a lo largo, extrae la parte central de las semillas, donde se concentra el líquido, y sigue la receta.

El aliño puede hacerse la víspera. En el caso de la ensalada, puedes prepararla hasta el punto en el que se añaden las hierbas aromáticas y la sal, unas 4 a 6 horas antes de servir.

1. Para hacer el aliño, maja el jengibre en el mortero hasta obtener una pasta gruesa. Mézclalo con el zumo de limón, el aceite y ¼ de cucharadita de sal, y reserva.

2. Pon todos los ingredientes de la ensalada en un bol grande. Añade el aliño, remueve y sirve.

Para 6 personas, como guarnición

8-10 cebolletas, cortadas en cuartos a lo largo y picadas finas (150 g)

2 pepinos mini (o 1 pepino normal), sin semillas y cortado en dados de 1 cm (150 g)

1 pimiento verde, abierto por la mitad a lo largo, sin semillas y cortado en dados de 1 cm (150 g)

15 g de hojas de menta, cortadas en tiras finas

15 g de cilantro, picado grueso

½ cdta de semillas de ajenuz

sal

ALIÑO

1 trozo de jengibre de 3 cm, pelado y picado fino (25 g)

2 cdas de zumo de limón

2 ½ cdas de aceite de oliva

Verduras cocinadas

Crema de lentejas, tomate y coco al curri

Para 4 personas

2 cdas de aceite de coco
   (o girasol)

1 cebolla, picada fina
   (160 g)

1 cda de curri suave
   en polvo

¼ de cdta de guindilla
   en copos

2 dientes de ajo,
   prensados

1 trozo de jengibre
   de 4 cm, pelado
   y picado fino (30 g)

150 g de lentejas rojas,
   lavadas y escurridas

1 lata de pulpa de tomate
   (400 g)

25 g de tallos de cilantro,
   picados gruesos,
   y 5 g de hojas,
   para servir

1 lata de leche de coco
   (400 ml)

sal y pimienta negra

Me gusta la textura desigual de esta crema, en la que las lentejas no se deshacen y el cilantro se percibe claramente, pero si prefieres una crema homogénea puedes triturarla antes de servir. Es posible prepararla con cuatro días de antelación si la guardas en la nevera, y hasta un mes en el congelador.

A menudo desechamos los tallos del cilantro, pero es un error, pues tienen la textura del cebollino y saben, como no podía ser de otra manera, a cilantro. Si te gusta el punto cítrico, sirve la crema con cuñas de lima.

1. En una cacerola mediana, calienta el aceite a fuego medio-alto. Añade la cebolla y sofríe durante 8 minutos, removiendo con frecuencia, hasta que se caramelice. Añade el curri en polvo, la guindilla en copos, el ajo y el jengibre. Sofríe durante 2 minutos más, sin dejar de remover. Incorpora las lentejas, remueve para integrarlo todo y añade el tomate, los tallos de cilantro, 600 ml de agua, una cucharadita de sal y una buena pizca de pimienta recién molida.

2. Vierte la leche de coco en un recipiente y bátela suavemente hasta obtener una textura suave y cremosa. Aparta cuatro cucharadas, que usarás para emplatar, y añade el resto de la leche de coco a la crema de lentejas. Llévala a ebullición y deja que cueza a fuego lento durante 25 minutos, hasta que las lentejas se hayan reblandecido, pero sin llegar a deshacerse. Si la crema queda demasiado espesa, añade más agua (100-150 ml).

3. Reparte la crema en cuatro boles, rocía con la leche de coco reservada, decórala con unas hojas de cilantro y sírvela.

Crema de calabacín, guisantes y albahaca

Prueba una versión ligeramente más sustanciosa —pero igual de rica— sustituyendo el caldo de verduras por caldo de pollo y añadiendo unos dados de jamón o panceta de cerdo salteados.

La clave para obtener una crema llena de frescura y un intenso color verde es no pasarse con la cocción. En cuanto añadas los guisantes y la albahaca a la olla, retírala del fuego y tritura. Esta crema puede prepararse con tres días de antelación si se conserva en la nevera, y hasta con un mes si se congela.

1. En una olla grande, calienta el aceite a fuego medio-alto. Añade los dientes de ajo enteros y sofríelos durante 2 o 3 minutos, removiendo a menudo hasta que se hayan dorado. Añade los calabacines, dos cucharaditas de sal y una buena pizca de pimienta. Sigue rehogándolos 3 minutos más, sin dejar de remover, hasta que los calabacines empiecen a dorarse. Añade el caldo junto con 500 ml de agua y llévalo a ebullición. Deja que cueza durante 7 minutos, hasta que los calabacines estén tiernos, pero sigan conservando su tonalidad verde.

2. Añade los guisantes, remueve bien durante un minuto y luego añade la albahaca. Apártalo del fuego y, usando una batidora de mano o un robot de cocina, tritúralo hasta obtener una crema suave y de un bonito color verde.

3. Cuando vayas a servir, reparte la crema en ocho cuencos y corónala con queso feta y ralladura de limón. Aderézala con una buena pizca de pimienta negra y un chorrito de aceite.

Para 8 personas

75 ml de aceite de oliva, y un poco más para servir

1 cabeza de ajos, pelados

6 calabacines, cortados en rodajas de unos 3 cm (1,3 kg)

1 litro de caldo de verduras

500 g de guisantes congelados

50 g de hojas de albahaca

200 g de queso feta, desmenuzado en trozos de 1-2 cm

1 cdta de ralladura fina de limón

sal y pimienta negra

Fotografía en la página 51

Crema de calabaza y naranja al azafrán

Cuando es temporada de calabazas, a lo largo del otoño y el invierno, suelen aparecer todo tipo de variedades en el mercado, a cuál más extraña y maravillosa. Prueba aquellas que estén disponibles en tu zona para explorar todas las posibilidades de este plato. La que mejor se adapta a esta sopa es la calabaza común, de forma redonda y pulpa carnosa de color naranja, pues tiene una consistencia firme y un sabor rico en matices que recuerda al del boniato.

Si lo prefieres, puedes preparar la crema y las semillas de calabaza con antelación. La crema se conservará en la nevera durante tres días y hasta un mes en el congelador, mientras que las semillas de calabaza se mantendrán en buen estado en un recipiente hermético durante una semana. Duplica o triplica las cantidades indicadas para preparar las semillas de calabaza y tenlas siempre a mano para esparcirlas sobre cremas, ensaladas y verduras asadas.

Para 4-6 personas

60 ml de aceite de oliva

2 cebollas, cortadas en juliana de 2-3 cm (350 g)

1,2 kg de calabaza, pelada y sin semillas, cortada en dados de 3 cm (1 kg)

1 litro de caldo de verduras

2 cdas de *harissa* de rosas (o 50 % más o menos, según la variedad; véase la pág. 301) (30 g)

¼ de cdta de azafrán en hebras

1 cdta de ralladura fina de naranja

180 g de *crème fraîche*

5 g de hojas de cilantro, picadas, para servir

sal y pimienta negra

PIPAS DE CALABAZA TOSTADAS

80 g de semillas de calabaza

2 cdtas de sirope de arce

¼ de cdta de guindilla en copos

1. Precalienta el horno a 170 °C con el ventilador en marcha.

2. Mezcla todos los ingredientes de las pipas en un bol pequeño, junto con ¼ de cucharadita de sal. Espárcelos sobre una bandeja pequeña forrada con papel vegetal y ásalos durante 15 minutos, hasta que las semillas se hayan hinchado y empiecen a dorarse. Deja que se enfríen y luego rompe los pedazos que se hayan formado en trozos del tamaño de un bocado.

3. Sube la temperatura del horno a 220 °C, con el ventilador en marcha.

4. En un bol grande, mezcla el aceite, la cebolla y la calabaza con ¾ de cucharadita de sal y una buena pizca de pimienta. Remueve bien y pásalas a una bandeja refractaria grande forrada con papel vegetal. Hornéalas durante 25 minutos, hasta que estén tiernas y caramelizadas. Saca la bandeja del horno y reserva.

5. En una olla, mezcla el caldo de verduras, la *harissa*, el azafrán, la ralladura de naranja, ½ cucharadita de sal y una buena pizca de pimienta. Lleva a ebullición y, cuando rompa a hervir, añade con cuidado la calabaza y la cebolla asadas, junto con los jugos que hayan podido quedar en la bandeja. Remueve y deja que cuezan a fuego lento durante 5 minutos. Retira la olla del fuego, incorpora la *crème fraîche* y, usando una batidora de mano (o pasando el contenido a un vaso batidor), tritura hasta obtener una crema suave y homogénea.

6. Sirve la crema decorada con pipas de calabaza tostadas y cilantro picado.

Calabacines al vapor
con ajo y orégano

Para 4 personas
800 g de calabacines
   tiernos, despuntados
250 ml de caldo de pollo
   o verduras
4 dientes de ajo, cortados
   en láminas muy finas
20 ramitas de orégano
   fresco (20 g)
2 cdas de aceite de oliva
sal marina en escamas

*Intenta conseguir calabacines pequeños y tiernos para esta receta,
porque su textura es inigualable cuando se cuecen al vapor.
A mí me encanta encontrarme el ajo cortado en láminas finas,
pero, si no es tu caso, quédate sólo con el orégano.*

*Esta receta funciona muy bien como un entrante sencillo
y delicado, o bien servido junto con otros mezze y acompañado
de pan.*

1. Precalienta el horno a 200 °C con el ventilador en marcha.

2. Si los calabacines son realmente pequeños, puedes dejarlos
enteros; de lo contrario, córtalos en cuartos a lo largo
y disponlos en una fuente de horno profunda de 27 x 22 cm,
con la parte del corte hacia arriba. Deben llenar la fuente pero
sin quedar apretados.

3. En un cazo, mezcla el caldo con la mitad del ajo y de las ramas
de orégano y llévalo a ebullición. Adereza los calabacines con
¾ de cucharadita de sal en escamas y luego báñalos con el caldo
hirviendo. Cubre la fuente con papel de aluminio, sellando bien los
bordes, y hornéalos durante 45 minutos, hasta que los calabacines
estén tiernos. Retíralos del horno y deja que se enfríen un poco.

4. Deshoja las ramitas de orégano restantes y desecha los tallos.
En una sartén pequeña, calienta el aceite de oliva a fuego
medio-alto. Cuando esté bien caliente, añade las hojas de orégano
y saltéalas durante cerca de un minuto y medio, hasta que empiecen
a tostarse. Retíralas del fuego y pásalas a un bol pequeño.

5. Cuando vayas a servir, saca los calabacines del caldo caliente
y repártelos entre los platos de los comensales o bien disponlos
en una fuente. Riégalos con el aceite de orégano y reparte
por encima las hojas tostadas y ½ cucharadita de sal en escamas.
Añade las láminas de ajo restantes y sirve.

Puré de calabacín con ajo y hierbas aromáticas

Esta receta es deliciosa tal cual (y no digamos ya si le añades una cucharada de yogur), ya sea como parte de unos mezze o acompañando un plato de cordero o pollo. Si puedes usar la variedad de calabacín más pálida y ligeramente abombada —en Oriente Medio es muy común—, no lo dudes: su piel es muy tierna, por lo que es perfecta para esta elaboración.

Puedes preparar la receta con 24 horas de antelación, hasta el punto en que se añaden las hierbas aromáticas y el limón. Consérvalo en la nevera y añade ambos ingredientes justo antes de servir.

1. Precalienta el horno a 200 °C con el ventilador en marcha.

2. En un recipiente, mezcla los calabacines, la menta seca, el tomillo, el aceite, ¾ de cucharadita de sal y una pizca de pimienta negra. Remueve y pásalo todo a una fuente de hornear mediana. Lo ideal es que los calabacines formen una sola capa, con el corte hacia arriba y solapándose ligeramente entre sí. Hornéalos durante 15 minutos, añade los dientes de ajo y continúa la cocción 15 minutos más, hasta que los calabacines estén tiernos y hayan tomado color. Pásalos a un colador (colocado sobre un bol o en el fregadero) y prénsalos para que vayan soltando parte de sus jugos. Deja que se enfríen por lo menos 30 minutos y tira el líquido que hayan soltado.

3. Pasa el contenido del colador a un bol. Presiona los dientes de ajo entre los dedos para descamisarlos y desecha la piel. Machácalo todo con un tenedor. Si la piel de los calabacines sigue un poco dura, usa un cuchillo para picarla toscamente. Incorpora las hojas de menta, el eneldo y el zumo de limón, y sirve.

Para 4 personas

3 calabacines grandes, cortados por la mitad a lo largo y luego en trozos de 6 cm (850 g)

1 cdta de menta seca

5 g de hojas de tomillo

70 ml de aceite de oliva

1 cabeza de ajos entera, con los dientes separados pero sin pelar

2 cdas de hojas de menta, picadas

1 ½ cdas de eneldo picado

1 cda de zumo de limón

sal y pimienta negra

Fotografía en las páginas 58-59

Calabacines rellenos de verduritas y piñones

Si algo no podría faltar en mi última cena son las verduras rellenas, porque me chiflan. Por lo general, es una tarea laboriosa, pero en este caso la hemos simplificado al máximo sin que el resultado se resienta. Intenta conseguir calabacines grandes, porque podrás vaciarlos más fácilmente sin romperlos y tendrás suficiente pulpa para rellenarlos. Otra buena idea es usar una mezcla de calabacines verdes y amarillos, si los encuentras.

Puedes preparar las verduritas con piñones la víspera. Al día siguiente, sólo tendrás que rellenar los calabacines y gratinarlos.

Para 2 personas como plato principal, para 4 como guarnición

2 calabacines grandes, cortados por la mitad a lo largo (500 g)

½ diente de ajo, machacado

1 huevo grande, batido

40 g de queso parmesano (o pecorino), rallado fino

40 g de pan de masa madre desmenuzado (1 rebanada, con la corteza)

100 g de tomates cherry, cortados en cuartos

1 limón grande: 2 cdtas de ralladura fina y 1 cda de zumo

4 cdas de hojas de orégano picadas finas, y unas pocas más para servir (5 g)

35 g de piñones, ligeramente tostados

3 cdas de aceite de oliva

sal

1. Precalienta el horno a 230 °C con el ventilador en marcha.

2. Usa una cuchara de postre para vaciar los calabacines y darles forma de canoa, pero ten cuidado de no pasarte: lo ideal es dejar cerca de 1 cm de pulpa para que conserven la forma. Pasa la carne del calabacín a un colador y prénsala para quitarle tanto líquido como sea posible. Debería quedarte cerca de 100 g de carne de calabacín escurrida. Pásala a un recipiente mediano e incorpora el ajo, el huevo, el parmesano, el pan desmenuzado y ¼ de cucharadita de sal. Usa las manos para estrujar los tomates cherry y añádelos al bol. Mezcla todos los ingrediente y reserva.

3. En un cuenco aparte, mezcla la ralladura de limón, el orégano y los piñones. Incorpora la mitad de esta mezcla a la pulpa del calabacín y reserva la otra mitad.

4. Pon los calabacines vaciados en una fuente refractaria con la parte cóncava hacia arriba. Riégalos con una cucharada de aceite y sazona con ⅛ de cucharadita de sal. Rellena los calabacines con la mezcla del paso anterior y hornéalos durante 15 minutos, hasta que el relleno haya cuajado y tomado color.

5. Mientras los calabacines están en el horno, añade el zumo de limón, las dos cucharadas restantes de aceite y ⅛ de cucharadita de sal a la mezcla de piñones y orégano sobrante. Cuando los calabacines se hayan templado un poco, vierte este aliño por encima, espolvorea con las hojas de orégano y sírvelos.

Calabacines y guisantes a las finas hierbas con gachas de sémola

La sémola de trigo es perfecta como base y acompañamiento de platos reconfortantes. Casa a la perfección, por ejemplo, con un sencillo estofado de ternera.

1. En una cazuela grande provista de tapa, derrite la mantequilla a fuego medio. Cuando se haya fundido, añade el ajo y sofríe durante 1 o 2 minutos, hasta que empiece a tomar color. Añade el calabacín, ¾ de cucharadita de sal y una buena pizca de pimienta. Saltéalo durante 5 minutos, removiendo a menudo, hasta que el calabacín empiece a reblandecerse. Baja el fuego, tapa la cazuela y prolonga la cocción 5 minutos más. Incorpora los guisantes y rehógalo todo junto durante un minuto. Apártalo del fuego, añade las hierbas aromáticas y la ralladura de limón y reserva mientras preparas las gachas.

2. En un cazo mediano, vierte la leche, 600 ml de agua, ¾ de cucharadita de sal y una buena pizca de pimienta. Llévala a ebullición y añade la sémola de trigo. Remueve sin parar de 3 a 4 minutos, hasta obtener una textura homogénea y espesa, como la de las gachas. Retira el cazo del fuego e incorpora 80 g de pecorino.

3. Reparte las gachas en cuatro o seis cuencos poco profundos y cubre con las verduras. Reparte por encima los piñones y el pecorino restante y riégalo todo con un chorrito de aceite.

Para 4-6 personas
50 g de mantequilla sin sal
5 dientes de ajo, cortados
    en láminas finas
6 calabacines grandes,
    despuntados, cortados
    por la mitad a lo largo
    y luego en rodajas finas
    (1,2 kg)
200 g de guisantes
    congelados,
    descongelados
25 g de hojas de albahaca,
    cortadas en tiras
15 g de hojas de estragón
1 cdta de ralladura fina
    de limón
50 g de piñones,
    ligeramente tostados
1 cda de aceite de oliva
sal y pimienta negra

GACHAS DE SÉMOLA
600 g de leche entera
180 g de sémola de trigo
100 g de pecorino, rallado
    fino

Berenjena asada
con anchoas y orégano

Para 4 personas,
como guarnición

4 berenjenas medianas,
   cortadas en rodajas
   de 2 cm de grosor
   (1 kg)

100 ml de aceite de oliva

20 g de filetes de anchoa
   en aceite, escurridos
   y picados finos

1 cda de vinagre de vino
   blanco

1 diente de ajo pequeño,
   machacado

1 cda de hojas de orégano

5 g de hojas de perejil,
   picadas gruesas

sal y pimienta negra

La combinación de berenjenas y anchoas puede parecer insólita, pero funciona a las mil maravillas. Lejos de convertirlo en un plato de pescado, las anchoas acentúan el sabor de la verdura y le aportan nuevos matices. Estas berenjenas quedan deliciosas tal como las presentamos aquí o servidas sobre una rebanada de pan rústico tostado, pero también son el acompañamiento ideal para toda clase de platos, como unas sobras de pollo asado o un filete de atún fresco. Se conservarán bien en la nevera durante dos días. Acuérdate de sacarlas de la nevera y dejar que se atemperen un poco antes de servir.

1. Precalienta el horno a 220 °C con el ventilador en marcha.

2. En un recipiente grande, mezcla las rodajas de berenjena y ½ cucharadita de sal. Pásalas a dos bandejas de hornear forradas con papel vegetal y píntalas con 70 ml de aceite, untando ambos lados de las rodajas. Hornéalas durante 35 minutos, hasta que se hayan dorado y estén tiernas. Retíralas del horno y deja que se enfríen.

3. En un cuenco pequeño, mezcla las anchoas, el vinagre, el ajo, ⅛ de cucharadita de sal y ¼ de cucharadita de pimienta. Vierte despacio las dos cucharadas de aceite restantes, removiendo sin parar, hasta lograr una emulsión.

4. Cuando vayas a servir, pica el orégano y ponlo en un bol grande junto con la berenjena y el perejil. Riégalo con la vinagreta de anchoas, remueve con delicadeza y sírvelo en una fuente o bol.

Berenjena asada con yogur al curri

Si quieres ganar tiempo, puedes preparar todos los elementos que componen este plato con un día de antelación. Guárdalos por separado en la nevera y deja que se atemperen antes de servir. La próxima vez que veas hojas de curri frescas, no pierdas la oportunidad. A veces se encuentran, pero no son frecuentes en estas latitudes. Congela las que no vayas a usar enseguida para tenerlas a punto la próxima vez que las necesites. Ligeramente salteadas en una cucharada de aceite, aportarán un toque deliciosamente aromático a esta receta si las repartes por encima de la berenjena junto con la granada justo antes de servir. Si vas a preparar una comida a base de curri y tienes pensado freír unos poppadoms, desmenuza un par y úsalos para decorar las berenjenas. En ese caso, puedes prescindir de las almendras.

Para 4 personas, raciones generosas

3 berenjenas grandes
   (o 4 normales) (1,1 kg)
100 ml de aceite
   de cacahuete
200 g de yogur tipo griego
2 cdtas de curri suave
   en polvo
¼ de cdta de cúrcuma
   en polvo
1 lima: 1 cdta de ralladura
   fina y 2 cdtas de zumo

1 cebolla, cortada en juliana
   fina (150 g)
30 g de almendras
   en láminas
½ cdta de semillas
   de comino, tostadas
   y ligeramente majadas
½ cdta de semillas
   de cilantro, tostadas
   y ligeramente majadas
40 g de semillas de granada
sal y pimienta negra

1. Precalienta el horno a 220 °C con el ventilador en marcha.

2. Usa un pelador para dibujar franjas a lo largo en la piel de las berenjenas, intercalando tiras de piel oscura y pulpa blanca. Corta las berenjenas en rodajas de unos 2 cm de grosor y ponlas en un bol grande. Riégalas con 70 ml de aceite, ½ cucharadita de sal y bastante pimienta. Mézclalo todo y extiéndelas sobre una fuente refractaria grande forrada con papel vegetal. Hornea la berenjena de 40 a 45 minutos, hasta que se dore y empiece a tostarse. Resérvala.

3. Mezcla el yogur con una cucharadita de curri en polvo, la cúrcuma, el zumo de lima, una buena pizca de sal y otro tanto de pimienta. Guárdalo en la nevera hasta el momento de servir.

4. En una sartén grande, calienta las dos cucharadas de aceite restantes a fuego medio-alto. Cuando esté bien caliente, añade la cebolla y sofríe durante 8 minutos, removiendo con frecuencia, hasta que se haya reblandecido y dorado. Añade la cucharadita de curri restante, las almendras y una pizca de sal, y saltea durante 2 minutos más, hasta que las almendras se hayan tostado levemente.

5. Cuando vayas a servir las berenjenas, disponlas en una fuente grande o en platos individuales, de modo que se solapen ligeramente entre sí. Vierte por encima la salsa de yogur y las almendras con cebolla. Espolvorea las semillas de comino, de cilantro y de granada, añade la ralladura de lima y sírvelas.

Tomates corazón de buey asados con guindilla, ajo y jengibre

Para 4 personas

75 ml de aceite de oliva

3-4 guindillas rojas
no muy picantes,
cortadas en rodajas
de 0,5 cm de grosor,
sin las semillas si no
te apasiona el picante
(50 g)

8 dientes de ajo, cortados
en láminas finas (25 g)

1 trozo de jengibre
de 4 cm, cortado en
láminas finas (30 g)

20 g de tallos de cilantro
(cortados en segmentos
de 4 cm de largo), más
5 g de hojas de cilantro
para servir

1 kg de tomates corazón
de buey (4 tomates),
cortados a lo ancho
en rodajas de 1 cm
de grosor

1 ½ cdtas de semillas
de mostaza negra,
ligeramente tostadas

sal marina en escamas
y pimienta negra

Estos tomates están deliciosos tal cual, sin más acompañamiento que un poco de pan para rebañar el aceite. También dan para un entrante contundente si los sirves con un poco de burrata o mozzarella, y con unos huevos revueltos son el brunch perfecto. Si los tomates no están todavía en su punto óptimo de madurez, espolvoréalos con una pizca de azúcar antes de gratinarlos. Puedes preparar este plato hasta 6 horas antes y servirlo a temperatura ambiente.

1. Precalienta el grill del horno a la máxima potencia.

2. Calienta el aceite en un cazo a fuego medio-alto. Añade la guindilla, el ajo y el jengibre, y fríelos suavemente durante 5 minutos, removiendo de vez en cuando hasta que el ajo empiece a dorarse. Añade los tallos de cilantro y sigue friendo durante 2 o 3 minutos, hasta que el ajo comience a tostarse y la guindilla haya liberado su aroma. Usando una espumadera para no desperdiciar aceite, pasa los condimentos a un plato para detener la cocción. Resérvalos.

3. Dispón las rodajas de tomate en una fuente de hornear de 30 x 40 cm, procurando que no se solapen entre sí. Úntalas con dos cucharadas de aceite infusionado y espolvorea con 1 ½ cucharaditas de sal en escamas y una buena pizca de pimienta. Pon la fuente a unos 5 cm del grill y gratina entre 10 y 12 minutos, hasta que los tomates empiecen a tostarse. Retíralos del horno, vierte por encima el resto del aceite infusionado, reparte los condimentos y reserva durante 10 minutos.

4. Sirve los tomates en la bandeja de hornear o pásalos a una fuente, de modo que se solapen ligeramente entre sí. Decora con las hojas de cilantro y las semillas de mostaza y riega con el aceite y los jugos que hayan quedado en la bandeja de hornear.

Tomates cherry asados con salsa de yogur

Para 4 personas, como entrante o mezze

350 g de tomates cherry

2 cdas de aceite de oliva

¾ de cdta de semillas de comino

½ cdta de azúcar moreno claro

3 dientes de ajo, cortados en láminas finas

3 ramitas de tomillo

5 g de orégano fresco: 3 ramitas enteras y las demás deshojadas, para servir

I limón: 3 tiras de piel y 1 cdta de ralladura fina

350 g de yogur tipo griego extra denso, frío

I cdta de guindilla de Urfa en copos (o ½ cdta de guindilla normal en copos)

sal marina en escamas y pimienta negra

Una de las grandes virtudes de este plato es el marcado contraste entre el punto caliente, picante y jugoso del tomate y la refrescante cremosidad del yogur, así que procura que los tomates estén recién salidos del horno y el yogur recién sacado de la nevera. El calor de los primeros hará que el segundo se derrita de un modo tentador, por lo que es obligado servir este plato con abundante pan rústico o tipo focaccia para poder rebañarlo.

I. Precalienta el horno a 200 °C con el ventilador en marcha.

2. En un recipiente, mezcla los tomates con el aceite de oliva, las semillas de comino, el azúcar, el ajo, el tomillo, las ramitas de orégano, la peladura de limón, ½ cucharadita de sal en escamas y una buena pizca de pimienta. Pasa la mezcla a una fuente de hornear lo bastante grande para que quepan los tomates sin amontonarse. Hornéalos durante 20 minutos, hasta que empiecen a tostarse y los jugos a burbujear. Enciende el grill y gratina de 6 a 8 minutos más, hasta que la piel de los tomates comience a chamuscarse por arriba.

3. Mientras los tomates se asan, mezcla el yogur con la ralladura de limón y ¼ de cucharadita de sal en escamas. Guárdalo en la nevera hasta el momento de servir.

4. Cuando los tomates estén listos, extiende el yogur frío en una fuente o un bol poco profundo, creando un lecho cremoso con el dorso de una cuchara y formando un reborde alrededor. Vierte encima los tomates calientes con sus jugos, la peladura de limón, el ajo y las hierbas aromáticas. Espolvorea las hojas de orégano y la guindilla en copos. Sírvelo enseguida, acompañado de pan.

Tomate, acelgas y espinacas con almendras tostadas

He aquí un plato de lo más versátil: puedes servirlo tal como se muestra, con un bol de arroz hervido o coronado con queso feta, pero también es perfecto para acompañar platos de pollo o pescado, ya sea tibio o a temperatura ambiente.

Una vez cocinado, se conserva 24 horas en la nevera. Deja que se atempere o caliéntalo antes de servir, añadiendo las almendras en el último momento.

Para 6 personas, como guarnición

60 ml de aceite de oliva
50 g de almendras
en láminas
½ cdta de pimentón
1 ½ cdtas de semillas
de alcaravea
2 dientes de ajo, cortados
en láminas finas
2 latas de 400 g cada
una de tomates
pera
500 g de acelgas, los tallos
cortados en juliana
fina y las hojas picadas
gruesas

130 g de espinacas, cortadas
en tiras gruesas
2 limas: 1 cdta de ralladura
fina y 2 cdas de zumo
35 g de menta, picada
gruesa
35 g de eneldo, picado
grueso
8 cebolletas, picadas en
trozos de 1 cm (80 g)
sal

1. Calienta a fuego medio dos cucharadas de aceite, las almendras y el pimentón en una cazuela grande con tapa. Saltea durante 2 o 3 minutos, hasta que las almendras empiecen a tostarse, y entonces pásalas a un bol. Desecha el aceite una vez que se haya enfriado.

2. Sube el fuego a medio-alto, vuelve a colocar la cazuela y calienta las dos cucharadas de aceite restante. Cuando haya cogido una buena temperatura, añade las semillas de alcaravea y el ajo y saltea durante un minuto, hasta que empiecen a crepitar y a tostarse. Añade el tomate, las acelgas y ¾ de cucharadita de sal y remueve, aplastando los tomates mientras lo haces. Tapa la cazuela y prolonga la cocción durante 20 minutos más, removiendo de vez en cuando, hasta que las acelgas se hayan reducido y el tomate se haya deshecho. Retíralas del fuego, incorpora las espinacas, el zumo y la ralladura de lima, las hierbas aromáticas y la cebolleta. Antes de servir, reparte las almendras por encima.

Salteado de brócoli y col rizada con ajo, comino y lima

En este caso puedes blanquear el brócoli y la col rizada con unas cuantas horas de antelación. Cuando hayas escaldado, enfriado y escurrido las hortalizas, sólo te quedará saltearlas, lo que convierte esta receta en uno de esos platos que puedes llevar a la mesa en poco más de 5 minutos.

1. Pon una olla grande con abundante agua con sal a fuego alto. Cuando rompa a hervir, añade el brócoli y blanquéalo durante 90 segundos. Usa una espumadera para sacarlo, enfríalo bajo el chorro de agua fría y sécalo bien. Mantén el hervor del agua y añade la col rizada a la olla. Blanquea durante 30 segundos, escúrrela y pásala por agua. Seca la col rizada lo mejor que puedas con ayuda de un paño de cocina limpio y resérvala.

2. En una sartén grande, calienta el aceite a fuego vivo. Añade el ajo y las semillas de comino y saltea durante cerca de 2 minutos, removiendo a menudo, hasta que el ajo se haya dorado. Usa una espumadera para sacar el ajo y resérvalo. Echa la col rizada a la sartén —con cuidado, porque puede chisporrotear— y saltéala durante 3 o 4 minutos, hasta que las hojas empiecen a tostarse. Añade el brócoli, la mitad de los copos de guindilla y ¼ de cucharadita de sal. Remueve durante un minuto y pasa las hortalizas salteadas a una fuente o plato grande. Incorpora la menta con delicadeza y riega con el zumo de lima. Reparte por encima los copos de guindilla restantes y el ajo salteado, y sírvelo.

Para 6 personas, como guarnición

1 brócoli grande, cortado en ramilletes de 3-4 cm (300 g)

350 g de col rizada o *kale*, sin los tallos más leñosos (250 g)

3 cdas de aceite de oliva

3 dientes de ajo, cortados en láminas finas

½ cdta de semillas de comino

2 cdtas de guindilla de Urfa en copos (o 1 cdta de guindilla normal en copos)

10 g de hojas de menta, picadas gruesas

1 cda de zumo de lima

sal

Bimi con salsa de soja, ajo y cacahuetes

Para 4 personas,
como guarnición

3 cdas de aceite
  de cacahuete

3 dientes de ajo, cortados
  en láminas finas

1 trozo de jengibre
  de 3 cm, pelado
  y cortado en juliana
  (20 g)

3 tiras finas de peladura
  de naranja

30 g de cacahuetes salados
  y tostados, picados
  gruesos

550 g de *bimi*,
  despuntados y cortados
  por la mitad a lo largo si
  los tallos son gruesos

2 cdas de salsa de soja
  clara

1 ½ cdtas de miel

sal

Este plato también quedaría estupendo con una proporción idéntica de choy sum o col china en flor en vez del bimi, y si te decantas por esa opción sólo tendrás que hervirlo durante un minuto y medio. Este bimi es perfecto como guarnición para toda clase de platos —va fenomenal con las aves asadas—, pero también está muy rico tal cual, sin más acompañamiento que un bol de arroz al vapor.

1. En un cazo pequeño, calienta el aceite a fuego medio-alto. Añade el ajo, el jengibre, la peladura de naranja y los cacahuetes y saltea durante 2 o 3 minutos, removiendo a menudo, hasta que el ajo y los cacahuetes se hayan dorado. Pásalo todo a un bol pequeño para detener la cocción y resérvalo.

2. Coloca la vaporera sobre una olla con agua y caliéntala a fuego vivo (el agua no debe tocar la vaporera). Cuando rompa a hervir, pon el *bimi* en la vaporera. Cuécelo entre 4 y 5 minutos, hasta que esté hecho. Retíralo del fuego, pásalo a una fuente de servir y resérvalo.

3. Vuelve a poner al fuego la sartén en la que has salteado los cacahuetes —no hace falta que la limpies— y cuando esté bien caliente, añade la salsa de soja, la miel y ⅛ de cucharadita de sal. Deja que reduzca durante cerca de un minuto, hasta que queden aproximadamente 1 ½ cucharadas de salsa. Riega el *bimi* con dos cucharadas de aceite infusionado y reparte sobre éste los cacahuetes y las hierbas aromáticas. Vierte por encima la salsa de soja reducida, mezcla con delicadeza y sírvelo.

Col asada con estragón y pecorino

M

Para 4 personas
120 ml de aceite de oliva
2 limones: 2 cdas
    de ralladura fina
    y 2 cdas de zumo
2 dientes de ajo,
    prensados
2 coles de Filder (también
    llamada col puntiaguda),
    sin las hojas externas,
    cortada en octavos
    a lo largo (1 kg)
10 hojas de estragón,
    picadas gruesas
30 g de queso pecorino,
    rallado
sal y pimienta negra

Este plato se sirve a temperatura ambiente, para que el pecorino conserve su textura y sabor. Es perfecto para acompañar un pollo al horno o unas verduras asadas, junto con un puré de patata.

1. Precalienta el horno a 220 °C con el ventilador en marcha.

2. En un bol pequeño, bate el aceite, la ralladura de limón, el ajo, ¼ de cucharadita de sal y una buena pizca de pimienta. Reserva dos cucharadas.

3. Pon los trozos de col en un recipiente grande y espolvorea con ⅛ de cucharadita de sal. Riega con el aceite aromatizado (salvo las dos cucharadas que habrás reservado para más tarde) y mezcla para impregnar bien la col. Esparce los trozos en dos bandejas forradas con papel vegetal y hornea durante 20 o 25 minutos (a media cocción, cambia las bandejas de posición para que las dos se doren por arriba), hasta que empiecen a tostarse por los bordes. Pasa la col a una fuente grande y reserva entre 5 y 10 minutos para que se atempere.

4. Añade el zumo de limón a las dos cucharadas de aceite restantes y riega la col con esta vinagreta. Espolvorea con el estragón y el pecorino, añade una buen pizca de pimienta y sirve.

Fotografía en las páginas 98-99

Col rizada a la mostaza con espárragos

Esta receta requiere un poco de mimo, pues hay que masajear y marinar la col rizada, pero puedes hacerlo hasta 4 horas antes de servirla, si así lo deseas. La clave es no mezclarlo todo hasta el último momento. Por suerte, hoy en día el edamame pelado y congelado se encuentra fácilmente en los supermercados.

1. Precalienta el horno a 160 °C con el ventilador en marcha.

2. Mezcla las semillas con ½ cucharadita de sirope de arce, ⅛ de cucharadita de sal y una buena pizca de pimienta. Esparce las semillas en una bandeja pequeña forrada con papel vegetal y hornea durante 12 minutos, hasta que se tuesten ligeramente. Deja reposar durante 30 minutos. Al enfriarse y endurecerse, las semillas quedarán apelotonadas, pero podrás romperlas en terrones de 2 o 3 cm.

3. En un recipiente grande, pon la col rizada, la cucharadita restante de sirope de arce, dos cucharadas de aceite, el vinagre, la mostaza y ¼ de cucharadita de sal. Mézclalo todo bien, usando las manos para masajear la col rizada durante cerca de un minuto, hasta que se reblandezca y se impregne de los sabores de la marinada. Déjala reposar por lo menos 30 minutos (o hasta 4 horas, si preparas este plato con antelación).

4. En una sartén grande, calienta la cucharada de aceite restante a fuego medio-alto. Añade los espárragos y ⅛ de cucharadita de sal, y saltea durante 6 minutos, dando la vuelta a los espárragos para que se tuesten y cocinen uniformemente. Deja que se enfríen y córtalos al bies en segmentos de 4 cm.

5. Justo antes de llevar el plato a la mesa, añade los espárragos, el *edamame* y las hierbas aromáticas a la col rizada y mezcla bien. Repártelo en una fuente grande, añade las semillas y sirve.

Para 4-6 personas
30 g de semillas de girasol
30 g de semillas de calabaza
1 ½ cdtas de sirope de arce
250 g de col rizada o *kale*, sin los tallos, con las hojas troceadas toscamente en trozos de 4-5 cm (200 g)
3 cdas de aceite de oliva
1 ½ cdas de vinagre de vino blanco
2 cdas de mostaza a la antigua
500 g de espárragos, sin los extremos leñosos (300 g)
120 g de *edamame* pelado, previamente descongelado
10 g de hojas de estragón, picadas gruesas
5 g de eneldo, picado grueso
sal y pimienta negra

Espárragos asados con almendras, alcaparras y eneldo

Mi marido Karl suele preparar este plato los fines de semana. Por lo general, se le va la mano con la mantequilla —hay que decir en su descargo que es irlandés, y además, ¿para qué están los fines de semana?—, pero en esta receta he procurado mantener las grasas un poco a raya.

Para 4 personas, como guarnición

600 g de espárragos, sin las puntas leñosas (400 g)

3 cdas de aceite de oliva

30 g de mantequilla sin sal

20 g de almendras en láminas

30 g de alcaparras mini (o de las normales), secadas con papel de cocina

10 g de eneldo, picado grueso

sal y pimienta negra

1. Precalienta el horno a 200 °C con el ventilador en marcha.

2. Mezcla los espárragos con una cucharada de aceite, un buen pellizco de sal y abundante pimienta recién molida. Disponlos en una fuente de hornear grande forrada con papel vegetal, bien espaciados entre sí, y hornea entre 8 y 12 minutos (el tiempo dependerá de lo gruesos que sean los espárragos), hasta que estén tiernos y empiecen a tostarse aquí y allá. Pásalos a una fuente de servir y reserva.

3. En una sartén pequeña, calienta la mantequilla a fuego medio-alto. Cuando se haya derretido, añade las almendras y saltea durante 1 o 2 minutos, removiendo a menudo hasta que se doren. Esparce las almendras y la mantequilla sobre los espárragos.

4. Pon ahora las dos cucharadas de aceite restantes en la sartén a fuego vivo. Cuando esté caliente, añade las alcaparras y saltea durante 1 o 2 minutos, removiendo sin parar, hasta que se abran y se tuesten. Usando una espumadera, saca las alcaparras del aceite y repártelas sobre los espárragos junto con el eneldo. Desecha el aceite y sirve los espárragos tibios.

Cavolo nero con chorizo y limones en conserva

Pocos platos hay más redondos que éste, pues a las suculentas bondades del cavolo nero suma la sorprendente chispa del limón en conserva y el contundente sabor del chorizo. El resultado puede servirse como una tapa o como acompañamiento de toda clase de carnes asadas o a la plancha.

I. En una cazuela grande con tapa, calienta el aceite a fuego medio-alto. Cuando haya cogido temperatura, añade el chorizo y saltea durante 3 o 4 minutos, hasta que se dore. Añade el ajo y sofríe durante un minuto, hasta que empiece a dorarse. Incorpora el pimentón y, con una espumadera, saca el chorizo y el ajo de la sartén y pásalos a un bol pequeño.

2. Añade el *cavolo nero* a la cazuela en tres o cuatro tandas, impregnándolo bien de aceite. Cuando hayas incorporado toda la col, añade dos cucharadas de agua, ¼ de cucharadita de sal y una buena pizca de pimienta. Tapa y déjalo cocer durante 3 minutos, removiendo una o dos veces para que las hojas se hagan de manera uniforme. Destapa la cazuela y prolonga la cocción durante 5 o 6 minutos más, removiendo a menudo, hasta que el líquido se haya evaporado y la col esté tierna, pero siga un poco al dente, y empiece a tostarse.

3. Incorpora el chorizo y el ajo a la cazuela, junto con el limón en conserva y el zumo de limón. Remuévelo todo, apártalo del fuego y añade la nata agria. Mézclalo con delicadeza y repártelo en cuatro cuencos o sírvelo en una fuente grande.

Para 4 personas
1 cda de aceite de oliva
150 g de chorizo, cortado
  por la mitad a lo largo
  y luego en rodajas
  de 1 cm de grosor
3 dientes de ajo, cortados
  en láminas finas
½ cdta de pimentón dulce
  ahumado
600 g de *cavolo nero*,
  sin los tallos, con las
  hojas cortadas en tiras
  de unos 4 cm (360 g)
2 limones en conserva
  pequeños, sin semillas,
  con la pulpa y la piel
  picadas gruesas (40 g)
1 cda de zumo de limón
100 g de nata agria
sal y pimienta negra

Ocras exprés con aliño agridulce

Para 4 personas,
como guarnición

700 g de ocras,
despuntadas (con
cuidado para no sacar
las semillas, pues de lo
contrario el plato se
volverá viscoso)

3 cdas de aceite
de cacahuete (u otro
aceite de sabor suave)

2 dientes de ajo,
prensados

1 guindilla roja, sin semillas
y cortada en láminas
finas

2 cdtas de sirope de arce

1 lima: 1 cdta de ralladura
fina y 1 ½ cdas de zumo

½ cdta de aceite
de sésamo

15 g de cilantro, picado
grueso

40 g de cacahuetes
salados y tostados,
picados gruesos, para
servir

sal y pimienta negra

Los amantes de las ocras nunca cejarán en su empeño de convertir a quienes no sienten un especial entusiasmo por esta verdura. A los que experimentan cierta aprensión ante su viscosidad natural (que es consecuencia de cortarlas y cocinarlas), les pido que no tiren la toalla, porque en esta receta las ocras se quedan enteras y apenas se cocinan, por lo que el resultado no se parece a nada de lo que podáis imaginar. Pueden servirse como guarnición de toda clase de platos —son perfectas para acompañar una lubina al horno con soja y jengibre (véase la pág. 260)— o tal como se presentan aquí, con un bol de arroz blanco.

1. Precalienta el horno a 200 °C con el ventilador en marcha.

2. En un recipiente grande, mezcla las ocras, dos cucharadas de aceite, el ajo, ¾ de cucharadita de sal y una buena pizca de pimienta negra. Reparte las ocras en dos bandejas forradas con papel vegetal de modo que quepan holgadamente y hornea durante 7 minutos, hasta que estén un poco tiernas, pero mantengan su firmeza y su intensa tonalidad verde. Saca del horno y deja que se enfríen durante 10 minutos.

3. En un bol grande, mezcla la cucharada de aceite de oliva restante, la guindilla, el sirope de arce, el zumo y la ralladura de lima, el aceite de sésamo y ⅛ de cucharadita de sal. Justo antes de servir, añade las ocras y el cilantro. Mezcla bien para repartir el aliño, que tiende a concentrarse en la parte inferior del bol, y pásalo todo a una fuente de servir.

4. Reparte por encima los cacahuetes tostados y sirve.

Col salteada con ajo y guindilla al estilo de Garry

Tal como me enseñó mi amigo Garry Bar-Chang mientras preparaba un banquete taiwanés, esta receta es una forma muy fácil de comer una buena ración de col. El secreto está en echarle guindilla y ajo a mansalva y saltearlo todo con alegría.

1. Calienta el aceite a fuego vivo en una sartén o wok grande. Cuando haya cogido temperatura, añade el ajo y la guindilla y saltéalos durante un minuto, removiendo constantemente, hasta que empiecen a dorarse. Añade la cebolleta y sofríela durante 2 minutos más, sin parar de remover.

2. Añade la col en varias tandas (se irá reduciendo con el calor), junto con ¾ de cucharadita de sal. Saltéala durante unos 5 minutos, removiendo, hasta que la col esté tierna pero siga un poco al dente. Retírala del fuego y déjala reposar durante 5 minutos antes de servir con las cuñas de lima.

Para 4 personas, como guarnición
2 ½ cdas de aceite de girasol
6 dientes de ajo, laminados gruesos
2 guindillas rojas, sin semillas y cortadas en trozos de unos 2 cm
5 cebolletas, cortadas al bies en trozos de 3 cm
I col de Filder (también llamada col puntiaguda), con las hojas separadas y troceadas por la mitad (550 g)
I lima, cortada en cuartos, para servir
sal

Fotografía en la página 89

Ensalada de coliflor, granada y pistachos

Recuerdo bien la pequeña revelación que viví la primera vez que mezclé en un mismo plato coliflor asada y coliflor cruda rallada. Son dos texturas muy distintas pero que casan a la perfección. Este plato es una delicia tal cual, servido con otros entrantes o como acompañamiento de un asado de pollo o cordero. No tires las hojas de la coliflor. Están muy ricas asadas y crujientes, o bien ralladas en crudo, como el resto de la coliflor. Si quieres ganar tiempo, puedes asar la coliflor con 4 o 6 horas de antelación. Resérvala a temperatura ambiente y mézclala con los demás ingredientes justo antes de servir.

I. Precalienta el horno a 200 °C con el ventilador en marcha.

2. Ralla toscamente un tercio de la coliflor y reserva en un bol. Parte el resto de la misma en ramilletes de unos 3 cm de ancho y mézclalos en un recipiente aparte con las hojas de la coliflor, si las tienes, y la cebolla. Adereza la mezcla con dos cucharadas de aceite y ¼ de cucharadita de sal, y espárcela en una fuente refractaria grande forrada con papel vegetal. Hornea durante unos 20 minutos, hasta que la coliflor esté tierna y ligeramente tostada. Retírala del horno.

3. Cuando se haya enfriado, mezcla la coliflor asada en un bol grande con 50 ml de aceite, la coliflor rallada y el resto de los ingredientes, y añade ¼ de cucharadita de sal. Remueve con suavidad, lo justo para integrar todos los ingredientes. Pásalo a una fuente y sirve.

Para 4 personas
1 coliflor grande (800 g)
1 cebolla mediana, cortada gruesa en juliana (130 g)
80 ml de aceite de oliva
25 g de perejil, picado grueso
10 g de menta, picada gruesa
10 g de estragón, picado grueso
las semillas de ½ granada (80 g)
40 g de pistachos pelados, ligeramente tostados y picados gruesos
1 cdta de comino molido
1 ½ cdas de zumo de limón
sal

Coliflor asada con mostaza y queso

Para 4 personas

1 coliflor grande, partida
    en ramilletes de unos
    4 cm (700 g)

30 g de mantequilla sin sal

1 cebolla pequeña, picada
    fina (120 g)

1 ½ cdtas de semillas
    de comino

1 cdta de curri suave
    en polvo

1 cdta de mostaza en
    polvo

2 guindillas verdes, sin
    semillas y picadas finas

¾ de cdta de semillas
    de mostaza negra

200 ml de nata para
    montar

120 g de queso cheddar
    curado, rallado grueso

15 g de pan blanco
    desmigado

5 g de perejil, picado fino

sal

Plato reconfortante donde los haya, esta receta de coliflor pide a gritos la compañía de un pollo asado, unas salchichas o un filete de ternera a la plancha, aunque funciona muy bien como base de un menú vegetariano, servido con un sustancioso arroz integral, por ejemplo, y una sencilla ensalada con una cucharada de yogur y un gajo de lima. Puedes preparar este plato de antemano hasta el momento de hornear y conservarlo en la nevera durante 24 horas.

1. Precalienta el horno a 180 °C con el ventilador en marcha.

2. Cuece la coliflor al vapor sobre una olla con agua hirviendo durante 5 minutos, hasta que quede al dente. Retírala del fuego y deja que se enfríe un poco.

3. Calienta la mantequilla a fuego medio en una cazuela redonda de 24 cm de diámetro o una fuente refractaria de tamaño similar. Añade la cebolla y sofríe durante 8 minutos, hasta que esté tierna y dorada. Añade las semillas de comino, el curri y la mostaza en polvo y la guindilla, y saltea durante 4 minutos, removiendo de vez en cuando. Añade las semillas de mostaza, prolonga la cocción un minuto más y luego vierte la nata. Añade 100 g de queso cheddar y ½ cucharadita de sal y deja cocer a fuego lento durante 2 o 3 minutos, hasta que la salsa espese un poco. Añade la coliflor, remueve con delicadeza y prolonga la cocción durante un minuto antes de retirar la cazuela del fuego.

4. En un bol, mezcla los 20 g restantes de queso cheddar, el pan desmigado y el perejil. Espolvorea la coliflor con esta mezcla. Con una espátula o un paño, limpia la nata que haya quedado pegada al borde interno de la cazuela o fuente para evitar que se queme. Hornéalo durante 8 minutos, hasta que la salsa burbujee y la coliflor esté bien caliente. Enciende el grill a máxima potencia y gratina la coliflor durante 4 minutos, o hasta que la superficie se vea dorada y crujiente. No te despistes o se quemará. Saca la coliflor del horno y deja que se enfríe un poco —con 5 minutos será suficiente— antes de servirla.

Coliflor asada entera

Para 4 personas

1 coliflor grande, con las hojas (1,3 kg)

45 g de mantequilla sin sal, a temperatura ambiente

2 cdas de aceite de oliva

1 limón, cortado en cuartos, para servir

sal marina en escamas

Cuando prepares esta receta, conserva las hojas que envuelven la coliflor: una vez asadas, quedan crujientes y deliciosas. Me encanta dejar este plato en el centro de la mesa para que los comensales lo compartan a modo de entrante mientras toman una copa. Lo que hacemos es partir la coliflor con las manos, mojar los ramilletes y las hojas crujientes en la salsa de tahina *y aderezarlos con sal. Si esta costumbre te resulta un tanto extraña o temes ensuciar el mantel (algo que, sorprendentemente, no suele pasar), siempre puedes cortar la coliflor en cuartos y servirla en platos individuales para comerla al modo tradicional, con tenedor y cuchillo. Hagas lo que hagas, la salsa de* tahina *es opcional. A mí me chifla, pero un chorrito de zumo de limón o una cucharada de* crème fraîche *también le van como anillo al dedo.*

1. Con unas tijeras, recorta ligeramente la parte superior de las hojas que rodean la coliflor, de modo que ésta asome unos 5 cm.

2. Llena con agua salada las tres cuartas partes de una olla lo bastante grande para que la coliflor quepa entera. Lleva a ebullición y sumerge la coliflor con cuidado, vuelta hacia abajo. No te preocupes si la base del tallo asoma un poco por fuera de la olla. Vuelve a llevar a ebullición, deja que hierva durante 6 minutos y, usando una espumadera, pasa la coliflor a un colador, siempre vuelta hacia abajo. Deja que escurra y se enfríe durante 10 minutos.

3. Precalienta el horno a 170 °C con el ventilador en marcha.

4. Mezcla la mantequilla y el aceite. Pon la coliflor en una fuente de hornear mediana, ahora vuelta hacia arriba, y riégala con la mezcla anterior. Espolvorea con 1 ¼ cucharaditas de sal en escamas. Hornea durante 1 ½ o 2 horas, rociándola cinco o seis veces con el aceite y la mantequilla durante la cocción, hasta que la coliflor esté muy tierna por dentro y tostada por fuera, y las hojas crujientes y chamuscadas.

5. Saca la coliflor del horno y déjala reposar durante 5 minutos. Córtala en trozos (¡o pártela con las manos!) y sírvela con los cuartos de limón y una pizca de sal, o bien con la salsa verde de *tahina* que te proponemos abajo.

Salsa verde de *tahina*

Esta salsa queda deliciosa con la coliflor, pero es totalmente opcional. Puedes conservarla en la nevera hasta tres días.

1. Vierte la *tahina* en un robot de cocina, junto con el perejil y el ajo. Procesa durante un minuto, hasta que la salsa de sésamo se haya teñido de verde. Añade 80 ml de agua, el zumo de limón y ¼ de cucharadita de sal en escamas. Sigue procesando hasta obtener una crema homogénea de color verde con la consistencia de la nata para montar. Si quedara muy líquida, añade un poco más de *tahina*, o un poco de agua si, por el contrario, quedara demasiado espesa.

Para 4 personas (o la cantidad de salsa necesaria para acompañar una coliflor)
80 g de *tahina*
15 g de perejil, picado grueso
1 diente de ajo pequeño, machacado
3 cdas de zumo de limón
sal marina en escamas

Ensalada de huevo y coliflor al curri

Así sabría el célebre Coronation Chicken *si sustituyéramos el pollo por coliflor y huevo duro. Puede que esto que acabo de decir te parezca un disparate hasta que lo pruebes por ti mismo. Si aun así echas de menos el pollo, siempre puedes servir la coliflor como acompañamiento de un asado de fin de semana.*

Para 4-6 personas

1 coliflor mediana, sin el tronco y cortada en ramilletes de 3-4 cm; aprovecha las hojas tiernas (500 g)

1 cebolla, pelada y cortada en rodajas de 1 cm (180 g)

2 cdas de aceite de oliva

1 cda de curri suave en polvo

9 huevos grandes

100 g de yogur tipo griego

50 g de mayonesa

1 cdta de guindilla de Alepo en copos (o ½ cdta de guindilla normal en copos)

1 cdta de semillas de comino, tostadas y ligeramente majadas

2 limones: 1 cda del zumo de uno y el otro cortado en 4-6 cuñas, para servir

10 g de estragón, picado grueso

sal y pimienta negra

I. Precalienta el horno a 230 °C con el ventilador en marcha.

2. En un recipiente grande, mezcla los ramilletes de coliflor (incluidas las hojas tiernas, si las hay), la cebolla, el aceite, dos cucharaditas de curri en polvo, ¾ de cucharadita de sal y una buena pizca de pimienta. Reparte la mezcla en una fuente refractaria grande forrada con papel vegetal y hornea durante 15 minutos, hasta que la coliflor quede tierna y tostada, pero conserve un punto crujiente. Retírala del horno y deja que se enfríe.

3. Llena un cazo mediano con agua y llévala a ebullición. Baja el fuego e introduce los huevos con cuidado. Cuécelos a fuego suave durante 10 minutos, hasta que estén cuajados. Escurre los huevos, luego ponlos de nuevo en el cazo lleno de agua fría para detener la cocción. Cuando se hayan enfriado, pela los huevos, ponlos en un bol grande y trocéalos toscamente con un tenedor.

4. En un recipiente aparte, mezcla el yogur, la mayonesa, la cucharadita de curri en polvo restante, la mitad de la guindilla de Alepo, las semillas de comino, el zumo de limón y ¼ de cucharadita de sal. Mezcla la salsa con los huevos, la coliflor, la cebolla y el estragón. Remueve bien para integrar todos los ingredientes, vierte la mezcla en una fuente grande y reparte por encima los copos de guindilla restantes. Sírvelo con las cuñas de limón.

Garbanzos y acelgas con yogur

Para 2 personas

2 zanahorias, peladas
y cortadas en dados
de 2 cm (200 g)

45 ml de aceite de oliva,
y un poco más para
servir

1 cebolla grande, picada
fina (180 g)

1 cdta de semillas
de alcaravea

1 ½ cdtas de comino
molido

200 g de acelgas, cortadas
en juliana gruesa (1 cm
de grosor)

230 g de garbanzos
hervidos, escurridos
y enjuagados

1 limón: 1 cda de zumo
y 2 cuartos, para servir

70 g de yogur tipo griego

5 g de cilantro, picado
grueso

sal y pimienta negra

Éste es uno de esos platos que reconfortan el alma y el estómago, y no necesita más acompañamiento que un buen bol de arroz. No te preocupes si no tienes cilantro en casa; le da un buen toque final, pero no es imprescindible. Puedes preparar estos garbanzos hasta 6 horas antes, dejando el limón y el yogur para el último momento. Monta el plato justo antes de servirlo, ya sea a temperatura ambiente o templado.

1. Precalienta el horno a 200 °C con el ventilador en marcha.

2. Mezcla las zanahorias con una cucharada de aceite, ¼ de cucharadita de sal y una pizca de pimienta. Extiéndelas en una bandeja refractaria forrada con papel vegetal y hornéalas durante 20 minutos. Deben quedar un poco al dente.

3. En una sartén grande, calienta las dos cucharadas de aceite restantes a fuego medio y añade la cebolla, la alcaravea y el comino. Sofríela durante 10 minutos, removiendo de vez en cuando, hasta que la cebolla se dore. Añade las acelgas, las zanahorias asadas, los garbanzos, 75 ml de agua, ½ cucharadita de sal y una buena pizca de pimienta, y mézclalo todo. Saltéalo durante 5 minutos, hasta que las acelgas estén tiernas y el líquido se haya evaporado casi por completo.

4. Retíralo del fuego, incorpora el zumo de limón y sírvelo acompañado de una buena cucharada de yogur, un puñado de cilantro picado, un chorrito de aceite y un cuarto de limón.

Fotografía en las páginas 102-103

Judías verdes con salsa de tomate

Sirve estas judías verdes con arroz integral para completar un plato primaveral y ligero, pero a la vez sustancioso y reconfortante. Tampoco desentonaría como parte de unos mezze. *Puedes prepararlo con dos días de antelación, si quieres, pues el tiempo de reposo hará que los sabores se intensifiquen. Puedes calentarlo antes de servir o sacarlo de la nevera media hora antes para comerlo a temperatura ambiente.*

1. En una cazuela grande con tapa, calienta el aceite a fuego medio-alto. Añade la cebolla y sofríe durante 8 minutos, removiendo de vez en cuando, hasta que se reblandezca y empiece a tomar color. Añade el ajo, el comino, el pimentón y la nuez moscada y sofríe durante 2 minutos más, removiendo. Añade el concentrado de tomate y cocina un minuto más. Incorpora las judías verdes, el tomate, el caldo, ¾ de cucharadita de sal y una pizca de pimienta negra. Baja el fuego, tapa la cazuela y deja que cueza a fuego lento durante 30 minutos.

2. Destapa la cazuela y déjala al fuego 30 minutos más, removiendo de vez en cuando, hasta que la salsa se espese y las judías verdes estén muy tiernas. Retírala e incorpora el cilantro. Sirve el plato templado o a temperatura ambiente.

Para 4 personas

2 cdas de aceite de oliva

2 cebollas, picadas gruesas (240 g)

3 dientes de ajo grandes, prensados

2 cdtas de semillas de comino

1 ½ cdtas de pimentón picante

¾ de cdta de nuez moscada molida

1 cda de concentrado de tomate

500 g de judías verdes redondas, despuntadas y cortadas al bies en trozos de 2 cm

6 tomates medianos, pelados y picados gruesos (500 g)

500 ml de caldo de verduras

10 g de cilantro, picado grueso

sal y pimienta negra

Judías verdes con tofu y salsa *chraimeh*

Para 4 personas

450 g de judías verdes redondas, despuntadas

1 cda de aceite de girasol

400 g de tofu firme, cortado en dados de 2-3 cm y secado con papel de cocina

15 g de cilantro, picado grueso

sal

SALSA *CHRAIMEH*

6 dientes de ajo, prensados

2 cdtas de pimentón picante

1 cda de semillas de alcaravea, ligeramente tostadas y majadas en el mortero

2 cdtas de comino molido

½ cdta de canela molida

3 cdas de aceite de girasol

3 cdas de concentrado de tomate

2 cdtas de azúcar moreno extrafino

2 limas: 1 cda de zumo de una y la otra cortada en cuartos, para servir

He aquí un plato principal vegano que no decepciona, ya sea tal cual o acompañado de arroz. La salsa chraimeh es un aderezo de sabor contundente originario de Libia. Se conserva bien en la nevera durante una semana, por lo menos, pero también se puede congelar durante un mes, así que duplica o triplica las cantidades indicadas. También puedes usarla para animar platos de pollo o pescado, o como una crema para untar pan.

1. Llena una olla de agua hasta la mitad y ponla al fuego. Cuando rompa a hervir, añade las judías verdes y cuécelas durante 5 o 6 minutos, hasta que estén tiernas pero conserven un punto crujiente. Escúrrelas, detén la cocción con agua fría, vuelve a escurrir y reserva.

2. Pon el aceite en una sartén grande a fuego medio-alto. Cuando esté bien caliente, añade el tofu y ⅓ de cucharadita de sal y saltea durante 4 o 5 minutos, removiendo para que se dore por todos los lados. Retíralo del fuego y resérvalo.

3. Para preparar la salsa *chraimeh*, mezcla el ajo, las especias y el aceite en un cuenco pequeño. Pon la sartén al fuego otra vez y, cuando esté caliente, añade la mezcla anterior. Sofríe durante cerca de un minuto, y luego añade el concentrado de tomate, el azúcar, el zumo de lima y ¾ de cucharadita de sal. Remueve para integrar todos los ingredientes y añade 250 ml de agua para obtener una salsa líquida. Cuando rompa a hervir, remueve a menudo durante cerca de 2 minutos, hasta que la salsa empiece a espesar. Incorpora las judías verdes a la sartén y deja que se cuezan un minuto más, hasta que la salsa adquiera una buena consistencia y las judías estén calientes.

4. Retíralo del fuego e incorpora el tofu y el cilantro, removiendo con delicadeza. Repártelo en cuatro boles poco profundos y sírvelos con una cuña de lima.

Crema de aguacate y habas

Para 4 personas, como entrante o mezze
250 g de habas desvainadas pero no peladas (frescas o congeladas)
1 aguacate grande, pelado y picado grueso (190 g)
1 limón: 1 tira larga de piel y 1 ½ cda de zumo
60 ml de aceite de oliva
2 cebolletas, cortadas en juliana fina
sal

Hay dos formas de ver la tarea de pelar habas: como una labor engorrosa que no merece la pena o como una actividad terapéutica que se puede hacer con la radio o la música de fondo. También es algo que puedes encargar a terceros, siempre y cuando haya voluntarios. Sea como fuere, el plato resultante es una delicia, más ligero que el guacamole tradicional y tanto más apetecible. Puedes preparar la crema con antelación, si quieres. Se conservará bien en la nevera durante un par de días.

1. Llena un cazo con agua salada y llévala a ebullición. Blanquea las habas durante 2 minutos, escúrrelas, detén la cocción poniéndolas bajo el chorro de agua fría y vuelve a escurrirlas. Pélalas (desecha las pieles) y reserva 50 g. Pon el resto de las habas en un robot de cocina junto con el aguacate, el zumo de limón, dos cucharadas de aceite y ¼ de cucharadita de sal, y tritúralo todo hasta obtener una crema ligeramente grumosa.

2. En una sartén pequeña, calienta a fuego medio-alto las dos cucharadas de aceite restantes. Sofríe las cebolletas y la peladura de limón durante un minuto. Retírala del fuego e incorpora las habas reservadas y una pizca de sal.

3. Esparce la crema de aguacate y habas en un plato, asegurándote de hacer un reborde alrededor. Cuando vayas a servir, añade la cebolleta y las habas sobre la crema. La peladura de limón no suele comerse, pero le da un toque de color.

Fotografía en la página 108

Puré de alubias blancas
con *muhammara*

La muhammara *es una crema para untar típica de Oriente Próximo que se prepara con pimientos rojos y nueces. Se conserva en la nevera durante tres días, así que si te apetece puedes duplicar las cantidades indicadas. Está igual de rica en un sándwich de queso que servida con carne a la plancha o como crema para untar. Me he abstenido de quitarle la piel a los pimientos para simplificar la receta al máximo, pero puedes pelarlos si te molesta la textura. La crema puede prepararse con tres días de antelación. Consérvala en la nevera, en un recipiente aparte, y deja que se atempere antes de servirla.*

1. Precalienta el horno a 220 °C con el ventilador en marcha.

2. En una fuente refractaria grande forrada con papel vegetal, mezcla los pimientos y el aceite. Hornea durante 15 minutos y luego añade el ajo. Continúa la cocción 15 minutos más, hasta que la piel de los pimientos empiece a chamuscarse y el ajo se haya dorado.

3. Tritura los pimientos en un robot de cocina, junto con el ajo, las hojas de tomillo, el pimentón, los copos de guindilla, el vinagre, las nueces y ½ cucharadita de sal, hasta obtener una pasta grumosa. Resérvala.

4. Para hacer el puré de alubias, calienta el aceite a fuego medio en una cazuela pequeña, añade el diente de ajo y las ramitas de tomillo y saltea a fuego lento durante 2 o 3 minutos, hasta que el ajo empiece a caramelizarse. Deséchalo y reserva las ramitas de tomillo, así como dos cucharaditas del aceite aromatizado. Vierte el aceite restante en el robot de cocina junto con las alubias blancas, una cucharada de agua y ½ cucharadita de sal. Tritura hasta obtener un puré suave y homogéneo, añadiendo un poco más de agua si fuera necesario. Extiende el puré en una fuente grande o repártelo en varios platos pequeños, formando un reborde con el dorso de la cuchara, y vierte la *muhammara* en el centro. Decóralo con las ramitas de tomillo crujientes y añade el aceite aromatizado.

Para 6-8 personas

MUHAMMARA

5 pimientos rojos,
  cortados en cuartos,
  sin semillas ni
  pedúnculos (850 g)
1 cda de aceite de oliva,
  y un poco más para
  servir
8 dientes de ajo, pelados
1 cda de hojas de tomillo
¾ de cdta de pimentón
  dulce ahumado
¼ de cdta de guindilla en
  copos
2 cdtas de vinagre
  balsámico
60 g de nueces peladas,
  ligeramente tostadas
  y picadas gruesas
sal

PURÉ DE ALUBIAS

100 ml de aceite de oliva
1 diente de ajo, con la piel,
  ligeramente aplastado
3 ramitas de tomillo
470 g de alubias blancas
  cocidas, escurridas
  y enjuagadas

Ensalada de dos vainas y dos limas

Puedes preparar este plato con antelación, pero no añadas el zumo de lima hasta el momento de servir. Se conservará en la nevera hasta 6 horas. Si no encuentras hojas de lima kaffir *frescas, no uses las liofilizadas, porque se vuelven demasiado quebradizas. Puedes reemplazarlas con un tallo de citronela (retira la parte externa más leñosa y pica fina la parte tierna) o quedarte sólo con el zumo y la ralladura de lima incluidos en la lista de ingredientes. Hagas lo que hagas, esta ensalada no dejará a nadie indiferente.*

1. Enrolla las hojas de lima *kaffir* juntas, dándoles forma de puro. Córtalas en una juliana lo más fina posible, y luego pica bien finas las tiras. En un robot de cocina, mezcla las hojas picadas, la ralladura de lima, 20 g de cilantro, la menta, el ajo, el aceite de oliva, la guindilla y ½ cucharadita de sal. Tritúralo todo hasta obtener una pasta homogénea y reserva.

2. Pon al fuego una olla con agua y sal. Cuando rompa a hervir, añade las judías verdes y blanquéalas durante 3 minutos. Añade el *edamame* y deja que cueza durante un minuto más. Escurre las judías y el *edamame*, detén la cocción rociándolos con agua fría y escúrrelos otra vez.

3. Reparte la pasta de lima por encima de las vainas, riégalas con el zumo de lima y mézclalo. Esparce las semillas de sésamo y las hojas de cilantro sobrantes por encima y sirve el plato enseguida.

Para 4 personas, como entrante o guarnición

6 hojas grandes
de lima *kaffir* (frescas
o congeladas), sin los
tallos (5 g)
2 limas: 1 ½ cdtas
de ralladura fina
y 2 cdas de zumo
30 g de cilantro, picado
grueso
10 g de hojas de menta
1 diente de ajo,
machacado
60 ml de aceite de oliva
2 guindillas verdes,
sin semillas y cortadas
finas en juliana
600 g de judías verdes
redondas, despuntadas
150 g de *edamame*
congelados y pelados
(o bien guisantes)
1 cdta de semillas
de sésamo negro
sal

Champiñones con castañas
y *za'atar*

S I M P L E

Para 6 personas,
como guarnición

650 g de champiñones
    Portobello (unas
    6-8 piezas), cortados
    en cuartos o en trozos
    (3 cm)

200 g de chalotas
    pequeñas, peladas
    y enteras

150 g de castañas cocidas
    y peladas, partidas
    por la mitad

5 g de hojas de salvia,
    picadas gruesas

60 ml de aceite de oliva,
    y 2 cdtas más para
    servir

2 dientes de ajo,
    prensados

5 g de hojas de estragón,
    picado grueso

1 cda de *za'atar*

2 cdtas de zumo de limón

sal y pimienta negra

Este plato es perfecto para celebrar la llegada del otoño o como guarnición en ocasiones especiales. También es fantástico como desayuno, junto con unos buenos huevos revueltos. Puedes usar los champiñones que más te gusten o mezclar varias clases de setas, según lo que encuentres, siempre y cuando respetes el peso indicado. Si no tienes a mano chalotas pequeñas, puedes usar de las grandes; bastará con cortarlas por la mitad o incluso en cuartos.

Si quieres preparar el plato con antelación, podrás hacerlo hasta 4 horas antes de servirlo: mezcla todos los ingredientes en una bandeja refractaria, salvo la sal y la pimienta, y añádelas justo antes de hornear.

1. Precalienta el horno a 220 °C con el ventilador en marcha.

2. En un recipiente grande, mezcla los primeros seis ingredientes con ¾ de cucharadita de sal y abundante pimienta. Repártelos en una bandeja refractaria grande forrada con papel vegetal y hornéalos durante 25 minutos, hasta que los champiñones y las chalotas estén tiernos y caramelizados. Retíralos del horno y deja que se enfríen durante 5 minutos.

3. Vierte los champiñones y las castañas en un bol grande y mezcla con el estragón, el *za'atar,* el zumo de limón y las dos cucharaditas de aceite. Sírvelos en una fuente poco profunda.

 Fotografía en la página 114

Coles de Bruselas con mantequilla caramelizada y ajo negro

El ajo negro posee un sabor muy intenso en el que se mezclan notas de regaliz, vinagre balsámico y la esencia más pura del ajo. Es una forma rápida de aportar un sinfín de matices a una receta. Ten todos los ingredientes cortados y listos para montar el plato antes de empezar, pero no te pongas manos a la obra hasta el último momento, porque las coles de Bruselas hay que comerlas recién hechas.

1. Precalienta el horno a 220 °C con el ventilador en marcha.

2. En una bandeja de hornear forrada con papel vegetal, esparce las coles de Bruselas y espolvorea con ¼ de cucharadita de sal. Hornea durante 10 minutos, hasta que las coles se hayan dorado, pero sigan conservando un punto crujiente.

3. Mientras tanto, muele ligeramente las semillas de alcaravea en el mortero. Añade el ajo negro y el tomillo, y májalo todo hasta obtener una pasta grumosa.

4. En una cazuela grande, calienta la mantequilla a fuego medio-alto durante 3 minutos, hasta que se haya derretido y haya adquirido color. Añade la pasta de ajo negro, las coles de Bruselas, las semillas de calabaza y ⅛ de cucharadita de sal. Remueve durante 30 segundos y retírala del fuego. Incorpora el zumo de limón y pásalo todo a una fuente de servir o a platos individuales. Riégalo con la *tahina* y llévalo a la mesa enseguida.

Para 4 personas, como guarnición

450 g de coles de Bruselas, sin tallo y cortadas por la mitad a lo largo (400 g)

1 cda de aceite de oliva

¾ de cdta de semillas de alcaravea

20 g de dientes de ajo negro (unos 12), picados gruesos

2 cdas de hojas de tomillo

30 g de mantequilla sin sal

30 g de semillas de calabaza, tostadas

1 ½ cdtas de zumo de limón

1 cda de *tahina*

sal

Zanahorias *baby* asadas con *harissa* y granada

Para 4 personas,
como guarnición

2 cdtas de semillas
de comino

2 cdtas de miel

2 cdas de *harissa* de rosas
(o 50 % más o menos,
según la variedad;
véase la pág. 301) (30 g)

20 g de mantequilla sin sal,
derretida

1 cda de aceite de oliva

800 g de zanahorias *baby*
(o zanahorias normales
cortadas en bastones
largos y delgados,
de 10 x 0,5 cm), peladas
y sin las hojas (deja sólo
un par de centímetros
de tallo)

10 g de hojas de cilantro,
picadas gruesas

60 g de semillas
de granada (½ granada)

2 cdtas de zumo de limón

sal

He aquí una ensalada espectacular, de tonalidades vivas y rebosante de sabor. Sírvela con cualquier plato de pollo, un cordero cocinado a fuego lento o una selección de verduras y legumbres. Las zanahorias baby *garantizan el éxito de la presentación, pero si sólo encuentras zanahorias de tamaño normal no pasa nada: córtalas en bastones largos y delgados.*

Puedes asar las zanahorias hasta 6 horas antes, y mezclarlas con los demás ingredientes justo antes de servir.

1. Precalienta el horno a 230 °C con el ventilador en marcha.

2. En un recipiente grande, mezcla el comino, la miel, la *harissa*, la mantequilla, el aceite y ¾ de cucharadita de sal. Añade las zanahorias, mezcla bien y esparce en una fuente de hornear forrada con papel vegetal. No queremos que las zanahorias se amontonen entre sí, así que si es necesario usa dos bandejas.

3. Hornea de 12 a 14 minutos, hasta que las zanahorias empiecen a tomar color pero sigan conservando un punto crujiente. Retíralas del horno y deja que se enfríen.

4. Cuando vayas a servir, mezcla las zanahorias con los demás ingredientes y llévalas a la mesa.

Ensalada de zanahoria con yogur y canela

Para 4 personas

1 kg de zanahorias *baby*,
  sin pelar pero raspadas
  y con las hojas cortadas
  (deja unos 3 cm
  de tallo)

3 cdas de aceite de oliva

1 ½ cdas de vinagre
  de manzana

1 cdta de miel

1 diente de ajo,
  machacado

⅛ de cdta de canela
  molida

120 g de yogur tipo griego

60 g de *crème fraîche*

5 g de eneldo, picado
  grueso

10 g de cilantro, picado
  grueso

sal y pimienta negra

Las zanahorias baby le van que ni pintadas a esta ensalada, pero si no las encuentras no te preocupes. Un manojo de zanahorias normales, cortadas en bastones, quedará igual de bien. Este plato aporta un toque de color a cualquier comida. Prueba a servirlo con la ensalada de cuscús y tomate de la pág. 158, por ejemplo, o con el cordero asado a fuego lento de la pág. 215. Puedes hervir las zanahorias y preparar el aliño con 6 horas de antelación, o incluso un día antes si lo conservas todo en la nevera. Cuando vayas a servir, deja que las zanahorias se atemperen antes de añadir el yogur y las hierbas aromáticas.

1. Pon las zanahorias en la vaporera y cuécelas entre 8 y 12 minutos (dependiendo del grosor de las mismas), hasta que estén tiernas pero conserven un punto crujiente.

2. Mientras tanto, en un recipiente grande, bate el aceite de oliva, el vinagre, la miel, el ajo, la canela, ½ cucharadita de sal y pimienta en abundancia. En cuanto las zanahorias estén hechas, riégalas con esta vinagreta. Mezcla bien y deja enfriar.

3. En un cuenco mediano, mezcla el yogur y la *crème fraîche* con ¼ de cucharadita de sal. Viértelo sobre las zanahorias, espolvorea con las hierbas aromáticas y remueve con delicadeza, sin que el aliño de yogur llegue a bañar completamente las zanahorias. Traslada con cuidado a otro bol y sirve.

 Fotografía en la página 120

Calabaza asada con lentejas y gorgonzola

Me gusta servir la calabaza y las lentejas un poco tibias, para que el queso se funda ligeramente cuando lo esparzo por encima, pero si quieres preparar este plato con antelación también queda fantástico a temperatura ambiente. Sigue los pasos indicados hasta el momento de añadir el gorgonzola y reserva hasta 6 horas. Añade los últimos ingredientes justo antes de servir.

Si te decantas por lentejas precocinadas, sáltate el paso en que se hierven y añádelas directamente al bol junto con el limón, el ajo, las hierbas aromáticas y demás ingredientes.

1. Precalienta el horno a 220 °C con el ventilador en marcha.

2. En un recipiente grande, mezcla la calabaza y la cebolla con dos cucharadas de aceite, las hojas de salvia, ¾ de cucharadita de sal y una buena pizca de pimienta. Remueve y esparce en una fuente refractaria grande forrada con papel vegetal. Hornéalas de 25 a 30 minutos, hasta que la calabaza y la cebolla estén tiernas y hayan tomado color. Retíralas del horno y deja que se enfríen durante 10 minutos.

3. Mientras la calabaza está en el horno, llena media olla mediana con agua y ponla al fuego (obvia este paso si vas a usar lentejas precocinadas). Cuando rompa a hervir, añade las lentejas, baja el fuego y cuécelas a fuego suave durante 20 minutos, hasta que estén tiernas. Escúrrelas, deja que se enfríen un poco y pásalas a un bol grande. Incorpora la ralladura y el zumo de limón, el ajo, las hierbas aromáticas, la cucharada restante de aceite de oliva y ¼ de cucharadita de sal.

4. Añade la calabaza y la cebolla a las lentejas y mezcla con suavidad. Ponlo todo en una fuente de servir, esparce el gorgonzola dulce por encima, riega con aceite y sirve.

Para 6 personas, como guarnición

- 1 calabaza violín grande, sin semillas, sin pelar, cortada por la mitad a lo largo y luego en cuñas de 1 cm de grosor (950 g)
- 2 cebollas rojas, cortadas en cuñas de 3 cm de ancho (320 g)
- 3 cdas de aceite de oliva, y un poco más para servir
- 10 g de hojas de salvia
- 100 g de lentejas verdes de Puy (o 235 g si usas lentejas precocinadas)
- 1 limón grande: 1 ½ cdtas de ralladura fina y 2 cdas de zumo
- 1 diente de ajo, machacado
- 5 g de hojas de perejil, picadas gruesas
- 5 g de hojas de menta, picadas gruesas
- 10 g de hojas de estragón, picadas gruesas
- 100 g de gorgonzola dulce, desmenuzado en trozos de 2 cm (opcional)
- sal y pimienta negra

Fotografía en la página 121

Calabaza asada con maíz, feta y semillas de calabaza

Para 6 personas, como guarnición

1 calabaza violín grande, sin pelar, sin semillas, cortada por la mitad a lo largo y luego en cuñas de unos 8 cm de largo y 3 cm de ancho (1,3 kg)

75 ml de aceite de oliva, y un poco más para servir

2 mazorcas de maíz enteras, sin la farfolla ni las hebras que la recubren

1 guindilla roja grande, sin semillas y cortada en dados pequeños

3 limas: 1 cdta de ralladura fina y 4 cdas de zumo

10 g de cilantro, picado grueso

5 g de hojas de menta, troceadas

30 g de semillas de calabaza, tostadas

50 g de queso feta, desmenuzado en trozos de 1-2 cm

sal y pimienta negra

El maíz a la parrilla quedará más crujiente si es fresco, como el empleado en esta receta, pero también puedes sustituirlo por 300 g de maíz congelado (previamente descongelado) y saltearlo en la sartén. El resultado es una textura más correosa, pero sigue funcionando bien. Si lo prefieres, puedes preparar todos los elementos de la receta —la calabaza, el maíz, el queso feta y las semillas— la víspera. Al día siguiente, deja que se atemperen y monta el plato antes de servir, pero no hace falta que lo sirvas enseguida, puede esperar un buen par de horas si hace falta.

1. Precalienta el horno a 220 °C con el ventilador en marcha.

2. Mezcla los trozos de calabaza con dos cucharadas de aceite, ½ cucharadita de sal y una buena pizca de pimienta. Espárcelos en una fuente refractaria forrada con papel vegetal, bien espaciados entre sí, con la piel vuelta hacia abajo. Hornéalos durante 25 minutos, hasta que la calabaza esté tierna y se haya dorado. Sácala del horno y deja que se enfríe.

3. Calienta la parrilla a fuego vivo y abre la cocina para que haya buena ventilación. Asa las mazorcas durante unos 8 minutos, dándoles la vuelta para que se tuesten uniformemente. Retíralas del fuego y, cuando se hayan enfriado lo bastante para que puedas manipularlas, sujeta las mazorcas verticalmente sobre una tabla de cortar y usa un cuchillo afilado para desgranarlas. En un bol, mezcla los granos de maíz con la guindilla, el zumo y la ralladura de lima, las tres cucharadas de aceite restantes, ¼ de cucharadita de sal y las hierbas aromáticas. Remuévelo y reserva.

4. Dispón los trozos de calabaza en platos individuales o en una fuente grande. Esparce por encima el maíz, las semillas de calabaza y el feta desmenuzado, y riégalos con un chorrito de aceite.

Remolacha asada con yogur y limón en conserva

Esta ensalada es el acompañamiento perfecto para platos de pescado azul: una caballa ahumada o un filete de trucha, por ejemplo, o incluso un lomo de salmón al vapor. También queda estupenda sobre un lecho de lentejas hervidas. Puedes hacer la ensalada con antelación, incluso la víspera. Si te decantas por esta opción, no añadas el eneldo ni la salsa de yogur y tahina hasta el último momento y consérvalo todo en la nevera hasta que vayas a servirla.

1. Precalienta el horno a 220 °C con el ventilador en marcha.

2. Envuelve las remolachas individualmente en papel de aluminio, ponlas en una bandeja refractaria y hornéalas de 30 a 60 minutos, dependiendo del tamaño, hasta que al insertar un cuchillo puedas atravesarlas sin esfuerzo. Cuando estén lo bastante frías para manipularlas, pela las remolachas y córtalas en rodajas de 0,5 cm. Ponlas en un recipiente grande y deja que se enfríen.

3. En una sartén pequeña, calienta el aceite a fuego medio. Saltea las semillas de comino durante unos 3 minutos, hasta que empiecen a abrirse. Vierte este aceite aromatizado por encima de la remolacha, junto con la cebolla, el limón en conserva, el zumo de limón, 10 g de eneldo, una cucharadita de sal y una pizca de pimienta negra. Mezcla bien todos los ingredientes y pasa la ensalada a una fuente de servir.

4. Bate el yogur con la *tahina* y riega la remolacha con esta salsa. Agita un poco la fuente para que la salsa se reparta sin que bañe completamente la remolacha y decora con el eneldo restante.

Para 4 personas, como guarnición

1 kg de remolacha, con la piel (restregada para limpiarla)
2 cdas de aceite de oliva
1 ½ cdtas de semillas de comino
1 cebolla roja pequeña, cortada en juliana fina (100 g)
1 limón en conserva pequeño, sin semillas, con la piel y la pulpa picadas finas (40 g)
2 cdas de zumo de limón
15 g de eneldo, picado grueso
1 cda de *tahina*
150 g de yogur tipo griego
sal y pimienta negra

Apionabo asado con aceite de semillas de cilantro

Para 4 personas

1 apionabo grande entero y limpio, sin las raíces (no es necesario despuntarlo ni pelarlo) (1,2 kg)

50 ml de aceite de oliva, y un poco más para servir

1 ½ cdtas de semillas de cilantro, ligeramente majadas

1 limón, cortado en cuñas, para servir

sal marina en escamas

Aquí me las he ingeniado para hacer algo aparentemente imposible: escoger un plato de mi libro NOPI (lleno de recetas que no cumplirían los requisitos para aparecer en COCINA SIMPLE) y complicarlo un poco más para acabar incluyéndolo en este libro. En NOPI, el apionabo se asa entero durante 3 horas, untado con aceite y espolvoreado con sal. El resultado es un plato delicioso, sin trampa ni cartón, y me he tomado la libertad de darle una vuelta de tuerca añadiendo las semillas de cilantro. Lo mejor de todo es que la receta ha ganado en sabor. A mí me gusta comer este apionabo asado tal cual, como entrante, cortado en rodajas gruesas y regado con un chorrito de limón o una cucharada de crème fraîche, *pero también es perfecto para acompañar unas chuletas de cerdo o un buen solomillo.*

1. Precalienta el horno a 170 °C con el ventilador en marcha.

2. Pincha el apionabo con un cuchillo pequeño y afilado por toda la superficie, haciendo unas 20 incisiones. Ponlo en una fuente de hornear y úntalo generosamente con el aceite, las semillas de cilantro y dos cucharaditas de sal en escamas. Hornéalo de 2 ½ a 3 horas, regándolo cada 30 minutos con sus propios jugos hasta que esté tierno por dentro y dorado por fuera.

3. Córtalo en medialunas, aderézalo con sal, riégalo con aceite y sírvelo con una cuña de limón.

Puré de patata con aceite de oliva aromatizado

Para 4 personas

1 kg de patatas Desirée
   (o Kennebec
   o Monalisa), peladas
   y cortadas en trozos
   de 3 cm
6 ramitas de tomillo (5 g)
3 ramitas de menta (5 g)
4 dientes de ajo, pelados
1 limón: 5 tiras
   de peladura fina
100 ml de aceite de oliva
sal y pimienta negra

ALIÑO

60 ml de aceite de oliva
1 diente de ajo,
   machacado
2 cdtas de hojas
   de tomillo, picadas finas
8 hojas de menta, picadas
   finas (2 cdtas)
1 limón: 1 cda de ralladura
   fina y 1 cda de zumo

No hay nada como el puré de patata de toda la vida, al que la nata o la mantequilla aportan cremosidad, pero también me gusta hacerlo con aceite de oliva, sobre todo si va a acompañar un plato principal contundente. Añadir hierbas aromáticas al agua de la cocción es una manera fantástica de darle esa chispa adicional. En este caso he usado tomillo, menta, limón y ajo, pero prueba con otras hierbas y especias.

Puedes adelantarte pelando y cortando las patatas hasta 6 horas antes. Asegúrate, eso sí, de dejarlas sumergidas en agua fría y de escurrirlas bien antes de empezar a preparar este plato.

1. En una olla, pon las patatas, las ramitas de tomillo y de menta, el ajo, la peladura de limón y dos cucharaditas de sal. Cubre las patatas con agua hirviendo, de modo que quede un dedo de agua por encima, y cuece a fuego suave durante unos 25 minutos, o hasta que estén lo bastante tiernas para hacer puré.

2. Mientras las patatas se cuecen, prepara el aliño. En un bol pequeño, mezcla el aceite, el ajo, las hojas de tomillo y de menta, la ralladura y el zumo de limón, 1/8 de cucharadita de sal y una buena pizca de pimienta. Remueve y reserva.

3. Escurre las patatas en un colador colocado sobre un recipiente grande (aprovecharemos parte del agua de cocción, así que no la tires toda). Saca las ramitas de tomillo y menta y vuelve a colocar las patatas en la olla, junto con el ajo y la peladura de limón. Usa un prensa patatas para reducirlas a puré, añadiendo poco a poco 100 ml de aceite y cerca de 140 ml de agua de cocción, hasta obtener una textura cremosa.

4. Pasa el puré a una fuente y usa el dorso de una cuchara para hacer hoyos en la superficie. Riega con el aliño de aceite, ajo y hierbas aromáticas y con una buena pizca de pimienta negra.

Fotografía en la página 132

Puré de boniato con aliño de lima

Este puré es un acompañamiento delicioso para toda clase de platos:
chuletas a la brasa, salchichas a la parrilla, lomo de cerdo o tofu
a la plancha. A mí me gusta aprovechar las pieles del boniato: úntalas
ligeramente con aceite de oliva y ásalas durante unos 8 minutos
a 200 °C con el ventilador en marcha y tendrás unas cortezas
crujientes para el aperitivo.

Para 4 personas
1 kg de boniatos, sin pelar
  y cortados por la mitad
  a lo largo
60 ml de aceite de oliva
5 g de hojas de albahaca,
  picadas finas
5 g de cilantro, picado fino
½ diente de ajo, prensado
2 limas: 2 cdtas
  de ralladura fina
  y 1 cda de zumo
sal y pimienta negra

1. Precalienta el horno a 200 °C con el ventilador en marcha.

2. Condimenta los boniatos con una cucharada de aceite
y ¼ de cucharadita de sal. Ponlos en una fuente refractaria
forrada con papel vegetal, con la piel hacia arriba, y hornéalos
durante 30 o 35 minutos, hasta que estén muy tiernos.

3. Mientras los boniatos se asan, prepara el aliño. En un bol
pequeño, mezcla las tres cucharadas de aceite restantes con los
demás ingredientes, añade una buena pizca de sal y remueve.

4. Cuando los boniatos estén lo bastante fríos para manipularlos,
pélalos. Esta tarea debería resultar fácil, pero si lo prefieres puedes
vaciar la pulpa con una cuchara. Mézclala con ⅛ de cucharadita
de sal, una buena pizca de pimienta negra y tritúrala hasta obtener
un puré cremoso.

5. Pasa el puré a una fuente, haz unos hoyos en la superficie
y riega con el aliño. Sírvelo caliente.

Fotografía en la página 133

Patatas rellenas con espinacas y gorgonzola

Me encanta el toque inconfundible del queso azul en esta receta, pero puedes usar cualquier otra variedad que tengas a mano, o que prefieras, y quedará igual de bien. Este plato puede servir como principal para dos o como guarnición para cuatro, acompañando un sencillo filete de ternera a la plancha y una buena ensalada. Las nueces son opcionales, pero le dan un punto crujiente que le va como anillo al dedo.

Si Esme se hubiese salido con la suya, habría más recetas de patatas rellenas en este libro. Valgan estas dos ganadoras por todas las que se han quedado fuera, y vaya desde aquí mi agradecimiento y mis disculpas a Esme.

Para 2 personas como plato principal, para 4 como guarnición

2 patatas grandes para asar (700 g)	200 g de hojas de espinacas *baby*
25 g de mantequilla sin sal	20 g de nueces, ligeramente tostadas y partidas en trozos de 1 cm (opcional)
3 cdas de nata para montar	
60 g de queso gorgonzola	sal y pimienta negra

1. Precalienta el horno a 220 °C con el ventilador en marcha.

2. Pincha las patatas unas pocas veces con un tenedor y ponlas en una bandeja de horno forrada con papel vegetal. Hornéalas durante una hora o un poco más, hasta que estén bien tiernas por dentro. Sácalas del horno y córtalas por la mitad a lo largo. Vacíalas con una cuchara, pon la pulpa asada en un bol mediano y reserva las pieles en la misma bandeja. Machaca la patata toscamente junto con 20 g de mantequilla, la nata, el gorgonzola, ½ cucharadita de sal y una buena pizca de pimienta. Resérvala.

3. Reparte los 5 g de mantequilla restantes entre las pieles de patata. Espolvorea con una buena pizca de sal y hornéalas de nuevo durante 8 minutos, para que se vuelvan crujientes. Retíralas del horno y resérvalas.

4. Llena una olla mediana hasta la mitad con agua y ponla a fuego vivo. Cuando el agua rompa a hervir, añade las espinacas y escáldalas durante 10 o 15 segundos. Escúrrelas, exprimiendo todo el líquido posible. Mezcla las espinacas con el puré de patata y rellena generosamente los cuencos que forman las pieles. Hornéalos durante 15 minutos, hasta que la superficie quede dorada y crujiente. Saca las patatas del horno, reparte por encima las nueces, si las usas, y sirve.

Patatas rellenas con huevo y salsa *tonnato*

Para 4 personas

4 patatas grandes para asar (1,4 kg)

1 cda de aceite de oliva, y un poco más para servir

4 huevos grandes, pasados por agua (hiérvelos durante 6 minutos y detén la cocción bajo el chorro de agua fría) y pelados

sal marina en escamas

SALSA *TONNATO*

2 yemas de huevo grandes

3 cdas de zumo de limón

25 g de perejil, picado grueso

120 g de atún en aceite de oliva, escurrido

20 g de alcaparras *baby* (o de tamaño normal), picadas y escurridas

2 filetes de anchoa en aceite, escurridos y secados con papel de cocina

1 diente de ajo, machacado

180 ml de aceite de oliva

Esta receta aúna dos de los platos más sencillos y reconfortantes que puedan imaginarse: la patata asada y el huevo pasado por agua. Si quieres darle más sustancia todavía, mezcla un poco más de atún con la salsa antes de verterla sobre las patatas. Puedes adelantarte preparando la salsa tonnato *la víspera y conservándola en la nevera.*

1. Precalienta el horno a 220 °C con el ventilador en marcha.

2. Pon las patatas en una bandeja de hornear, riega con el aceite, espolvorea con ½ cucharadita de sal en escamas y ásalas de 50 a 55 minutos, o hasta que estén crujientes por fuera y tiernas por dentro. Retíralas del horno y resérvalas.

3. Mientras las patatas se asan, prepara la salsa. En un robot de cocina, mezcla las yemas de huevo, el zumo de limón, 20 g de perejil, el atún, la mitad de las alcaparras, los filetes de anchoa y el ajo. Procesa durante un minuto, hasta obtener una pasta grumosa, rebañando los lados del recipiente con una espátula. Con el robot de cocina en marcha, vierte el aceite despacio en un chorro constante hasta obtener la consistencia de una mayonesa poco espesa. Resérvala.

4. Cuando vayas a servir, abre las patatas dándoles un tajo vertical, pero sin llegar a tocar la piel de la base. Con los dedos, presiona un poco los lados —esto ayudará a que la carne de la patata se desmenuce— y aderéza por dentro con sal en escamas. Vierte la salsa sobre las patatas y corónalas con un huevo pasado por agua, cortado por la mitad justo antes de servir para que la yema rezume y se mezcle con la salsa. Añade el perejil y las alcaparras restantes, riega con un poco de aceite y sirve.

Patatas «fritas» al horno con orégano y feta

Para 6 personas,
como guarnición

2 kg de patatas para freír
  (agrias o Kennebec),
  sin pelar y cortadas
  en bastones de 2 cm
  de ancho
90 ml de aceite de girasol
60 ml de aceite de oliva
6 dientes de ajo, cortados
  en láminas finas
2 cdtas de orégano seco
  (normal o griego)
150 g de queso feta,
  desmenuzado
sal marina en escamas

Esta receta está inspirada en unas patatas que me sirvió George Calombaris en su restaurante de Melbourne, Jimmy Grants, cuando viajé a Australia para participar como jurado de MasterChef. Había oído decir maravillas de su restaurante, pero aun así mis expectativas se vieron superadas con creces. Puedes servir estas patatas tal cual se ven aquí, como guarnición de un plato de carne o pescado junto con una sencilla ensalada, o con una cuña de limón para regarlas.

Si tienes la suerte de estar de vacaciones en Grecia (o tienes a mano alguna tienda especializada en productos helenos), no dejes de comprar orégano seco griego, pues tiene un sabor mucho más intenso que el normal.

Puedes cocer las patatas hasta 6 horas antes de servir este plato.

1. Precalienta el horno a 220 °C con el ventilador en marcha.

2. Pon agua y sal en una olla grande. Cuando rompa a hervir, añade las patatas y cuece durante 7 u 8 minutos, hasta que empiecen a reblandecerse por fuera, pero sigan conservando su forma. Escúrrelas, deja que reposen durante 5 minutos y ponlas en un bol grande. Añade el aceite de girasol, una cucharada de sal en escamas y mezcla bien.

3. Pasa las patatas a dos bandejas de hornear grandes (para que quepan holgadamente) forradas con papel vegetal y ásalas de 40 a 50 minutos, removiéndolas de vez en cuando, hasta que queden doradas y crujientes.

4. Unos 5 minutos antes de servir las patatas, calienta el aceite de oliva y fríe suavemente el ajo a fuego medio-alto en un cazo pequeño durante 3 o 4 minutos, hasta que se dore. Retira las patatas asadas del horno, riégalas con el aceite de oliva aromatizado y hornéalas durante 4 minutos más. Sácalas del horno y, mientras están bien calientes, espolvoréalas con orégano y feta. Sírvelas enseguida.

Fotografía en la página 140

Patatas rústicas
con romero y zumaque

El zumaque es una especia de sabor intenso y un tanto ácido cuyas bondades llevo mucho tiempo pregonando. Por su color y su toque ácido, es una manera perfecta de alegrar los platos más cotidianos.

1. Pon el aceite en una sartén grande a fuego medio. Cuando esté bien caliente, añade la patata, el ajo y ¾ de cucharadita de sal. Saltea suavemente durante 30 minutos, removiendo a menudo, hasta que las patatas queden tiernas y doradas. Añade el romero y el tomillo y cocina durante 5 minutos más, hasta que las hierbas se tuesten y liberen su aroma.

2. Usando una espumadera para escurrir la mayor parte del aceite, pasa las patatas a una fuente para servir. Añade el zumaque, remueve y sirve.

Para 4 personas,
como guarnición
150 ml de aceite de oliva
750 g de patatas para freír
   (agria o Kennebec),
   cortadas en cuartos
   a lo largo
5 dientes de ajo, pelados
3 ramitas de romero (5 g)
3 ramitas de tomillo (5 g)
2 cdtas de zumaque
sal

Patatitas asadas con *harissa* y ajo confitado

Para 6-8 personas, como guarnición

2 cabezas de ajo grandes, con los dientes de ajo pelados (90 g)

130 g de grasa de oca o pato

4 ramitas de romero (10 g)

6 ramitas de tomillo (15 g)

2 kg de patatas para freír (agrias o Kennebec), peladas y cortadas en trozos de 5 cm

40 g de sémola de trigo

2 cdtas de semillas de alcaravea, tostadas y ligeramente majadas

2 cdas de *harissa* de rosas (o 50 % más o menos, según la variedad; véase la pág. 301) (30 g)

sal marina en escamas

Hay personas que nada más ver la palabra «confitado» en una receta se desaniman, pero no te dejes intimidar. En este caso, lo único que implica es cocinar los dientes de ajo a fuego lento en aceite de oliva, de tal modo que tomen un sabor maravilloso y queden tan tiernos que se deshagan. Puedes confitar el ajo dos días antes y dejar preparadas las patatas hasta el momento de hornearlas, es decir, hasta unas 6 horas antes de servirlas.

1. Precalienta el horno a 150 °C con el ventilador en marcha.

2. En una sartén o cazuela refractaria pequeña y provista de tapa, mezcla los dientes de ajo, la grasa de oca y las hierbas aromáticas. Tapa y hornea durante 40 minutos, hasta que los dientes de ajo estén tiernos y caramelizados. Retíralos del horno, cuela la grasa en un bol grande resistente al calor y guárdala para más tarde. Reserva aparte el ajo y las hierbas aromáticas.

3. Sube la temperatura del horno a 200 °C.

4. Mientras se calienta, pon agua y sal en una olla grande. Cuando rompa a hervir, añade las patatas y hierve durante 10 minutos, hasta que estén medio cocidas. Escúrrelas bien, sacudiendo un poco las patatas para redondear los bordes, y resérvalas en el colador durante unos 10 minutos para que acaben de perder el agua.

5. Vierte las patatas en el bol de la grasa de oca y añade la sémola de trigo, las semillas de alcaravea, la *harissa* y dos cucharaditas de sal en escamas. Mézclalo todo bien y extiéndelo en una bandeja de horno grande forrada con papel vegetal. Hornea las patatas durante 45 minutos, hasta que se doren, dándoles la vuelta una o dos veces durante la cocción. Incorpora el ajo confitado y las hierbas aromáticas y sigue horneando durante 10 o 15 minutos más, hasta que las patatas queden doradas y crujientes. Aderézalas con un poco más de sal, si quieres, y sírvelas.

Chips de boniato

Estos chips *son fantásticos como guarnición o aperitivo. Si los sirves como aperitivo, acompáñalos con un poco de nata agria para mojar. Puedes prepararlos con 6 horas de antelación y hornearlos justo antes de servir*

1. Precalienta el horno a 220 °C con el ventilador en marcha.

2. En un bol grande, mezcla el boniato, el pimentón, la pimienta cayena, el ajo, la polenta, el aceite y una cucharadita de sal en escamas. Reparte el boniato en dos bandejas de hornear grandes forradas con papel vegetal, riégalo con el aceite que haya quedado en el bol y hornea de 25 a 30 minutos, removiendo con suavidad una o dos veces hasta que los bastones de boniato queden tiernos por dentro, y crujientes y dorados por fuera.

3. Sácalos del horno, espolvoréalos con el zumaque y una cucharadita de sal en escamas, y sírvelos enseguida.

Para 6-8 personas, como guarnición

3 boniatos muy grandes, pelados y cortados en bastones de 1,5 cm de grosor (1,2 kg)

1 cda de pimentón dulce ahumado

½ cdta de pimienta de cayena

3 dientes de ajo, prensados

30 g de polenta

100 ml de aceite de oliva

1 cda de zumaque

sal marina en escamas

Ensalada de peladuras de patata asadas con *harissa* y lechuga

Para 4-6 personas

1,2 kg de patatas grandes
   para asar (3-4 patatas)
1 cda de *harissa* de rosas
   (o 50 % más o menos,
   según la variedad; véase
   la pág. 301) (15 g)
2 cdas de aceite de oliva
1 lechuga iceberg
   pequeña, despuntada
   y cortada en tiras
   de 3 cm (350 g)
5 g de estragón, picado
   grueso
sal

VINAGRETA

25 g de piel de limón en
   conserva, cortada en
   juliana fina (necesitarás
   la piel de 2 limones en
   conserva pequeños)
2 cdas de aceite de oliva
1 limón: ½ cdta
   de ralladura fina
   y 1 cda de zumo
1 cdta de semillas
   de comino, tostadas
   y ligeramente majadas

La premisa de la que parte esta receta es aprovechar la piel de unas patatas, bien sea porque has usado la pulpa en otra elaboración, bien porque —por algún motivo que se te escapa— tus hijos han comido unas patatas asadas y han dejado la mejor parte (es decir, la piel tostada) intacta en el plato. Sea como fuere, no tires esas peladuras, porque aportan un maravilloso toque crujiente a una ensalada fresca y alegre que podrás poner sobre la mesa en menos de 30 minutos y que sería un acompañamiento fenomenal para un pastel de pollo con corteza crujiente de maíz (véanse las págs. 236-237).

Puedes preparar todos los elementos de la receta con antelación: la vinagreta puede hacerse hasta tres días antes, y las peladuras de patata pueden guardarse en un recipiente hermético durante un día a temperatura ambiente. Cuando vayas a servir, no tendrás más que montar el plato.

1. Precalienta el horno a 220 °C con el ventilador en marcha.

2. Pon las patatas en una bandeja refractaria pequeña y hornea durante 50 o 55 minutos, hasta que estén bien tiernas por dentro. Retíralas del horno y, cuando estén lo bastante frías para manipularlas, córtalas por la mitad, vacíalas —dejando un poco de carne adherida a la piel— y reserva la pulpa para otra elaboración (véase arriba).

3. Rasga las pieles de patata en jirones de 5 o 6 cm y mézclalas en un bol mediano con la *harissa*, el aceite y ¼ de cucharadita de sal. Remuévelas bien y extiende las peladuras sobre una rejilla colocada sobre una bandeja de horno grande. Hornéalas durante 12 minutos, dándoles la vuelta a media cocción, hasta que se doren y empiecen a tostarse. Retíralas del horno y resérvalas para que se enfríen y se vuelvan aún más crujientes. En un recipiente grande, mezcla las peladuras con la lechuga y el estragón.

4. Bate todos los ingredientes de la vinagreta junto con ¼ de cucharadita de sal y viértela sobre la ensalada. Mezcla bien y sírvela.

Fotografía en las páginas 148-149

Patatas nuevas con guisantes y cilantro

Estas patatitas quedan estupendas con carne de cordero o cualquier plato primaveral. Si encuentras hojas de acedera, que se recolectan en primavera, hazte con un puñado, pícalas gruesas y añádelas a las patatas para darles un toque extra de sabor. A falta de acedera, unas anchoas picadas también le van de maravilla.

Este plato puede prepararse con unas horas de antelación. En el momento de servir, bastará con calentarlo.

1. Pon agua en una olla pequeña a fuego vivo. Cuando rompa a hervir, añade los guisantes y escáldalos durante un minuto. Escúrrelos y reserva un tercio de los guisantes. Tritura el resto en un robot de cocina, junto con la guindilla, el limón en conserva, el cilantro, el aceite de oliva, la ralladura de limón, ⅓ de cucharadita de sal y una buena pizca de pimienta, hasta obtener una pasta grumosa. Resérvala.

2. Pon agua y sal en una olla grande y, cuando rompa a hervir, añade las patatas y cuécelas durante 15 minutos o hasta que estén tiernas. Escúrrelas y pásalas a un bol grande. Machaca ligeramente las patatas; por lo menos la tercera parte de éstas deberá quedar entera. Añade los guisantes, tanto los triturados como los enteros, junto con el zumo de limón y las hojas de cilantro. Mézclalo todo con delicadeza y sírvelo tibio.

Para 4 personas, como guarnición

300 g de guisantes, frescos o congelados

2 guindillas verdes, picadas finas

1 limón en conserva pequeño, sin semillas (20 g)

15 g de cilantro, picado grueso, y 5 g más de hojas enteras para servir

60 ml de aceite de oliva

1 limón pequeño: la ralladura fina de ½ limón y 1 cdta de zumo

750 g de patatas nuevas, cortadas por la mitad si son grandes

sal y pimienta negra

Fotografía en la página 149

Pizza blanca con patata, anchoas y salvia

Hacer tu propia masa de pizza es fácil, extenderla es divertido y hay pocas formas mejores de conseguir que los niños entren de buena gana en la cocina. Puedes preparar la masa hasta tres días antes y conservarla en la nevera. Las patatas y el mascarpone pueden estar hechos y a punto desde la víspera. Yo me he decantado por una pizza blanca, pero puedes añadir tomate si lo prefieres.

Salen 2 pizzas, para 2 personas como plato principal con una ensalada, o para 4 como tentempié

MASA

200 g de harina de fuerza, y un poco más para espolvorear la superficie de trabajo

1 cdta de levadura seca de panadero

1 cda de aceite de oliva, y un poco más para engrasar

120 ml de agua tibia

INGREDIENTES

180 g de patatas nuevas sin pelar, cortadas en láminas finas con una mandolina

3 cdas de aceite de oliva

200 g de queso mascarpone

40 g de queso pecorino romano, rallado fino

4 filetes de anchoa, escurridos y picados finos

8 hojas de salvia, picadas finas

2 limones: 2 cdtas de ralladura fina

50 g de cebolletas, cortadas en juliana fina, al bies

sal y pimienta negra

I. En un recipiente grande, pon la harina y la levadura con el aceite y ½ cucharadita de sal. Mézclalo bien y añade el agua, usando una espátula para integrar todos los ingredientes. Pasa la mezcla a una superficie ligeramente untada de aceite y,

con las manos también engrasadas, amasa durante 5 minutos, hasta obtener una masa fina y elástica. Si empieza a pegarse, añade un poco más de aceite. Divide la masa en dos bolas y colócalas, bien espaciadas, en una bandeja grande forrada con papel vegetal. Cubre con un paño de cocina limpio ligeramente humedecido y deja fermentar en un lugar cálido entre 60 y 90 minutos, hasta que dupliquen su volumen.

2. Precalienta el horno a 230 °C o a la máxima potencia, con el ventilador en marcha.

3. Mientras la masa fermenta, prepara el resto de los ingredientes de la pizza. En un cuenco pequeño, mezcla las patatas con una cucharadita de aceite, ⅛ de cucharadita de sal y una buena pizca de pimienta. Pásalas a una bandeja de horno forrada con papel vegetal, lo bastante grande para que puedas repartirlas sin que se solapen. Hornéalas durante 7 minutos, hasta que se doren, y resérvalas.

4. En un bol pequeño, mezcla el mascarpone, el pecorino, las anchoas, la salvia y la ralladura de limón con una buena pizca de pimienta y reserva.

5. Engrasa dos bandejas de horno grandes con aceite de oliva. Espolvorea la superficie de trabajo con harina. Extiende una de las bolas de masa hasta obtener un rectángulo de 30 x 20 cm. Pásalo a la bandeja y repite la operación con la segunda bola de masa. Reparte la mezcla de queso y anchoas por encima de las bases, dejando libre un reborde de 2 cm. Añade la cebolleta y cubre con las láminas de patata. Riega cada pizza con una cucharada de aceite y hornéalas durante 9 minutos, hasta que los bordes se tuesten. Sírvelas calientes, aderezadas con pimienta negra recién molida.

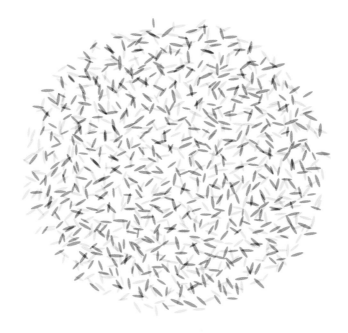

Arroz, cereales
y legumbres

Ensalada de trigo sarraceno y judías verdes

Este plato se podría comer perfectamente solo, pero también es una buena manera de acompañar un salmón a la plancha. Se prepara en un santiamén —menos de media hora si cocinas todos los ingredientes al mismo tiempo—, pero, si lo prefieres, puedes dejarlo hecho con antelación. Basta con preparar los distintos elementos que componen la receta la víspera y conservarlos por separado en la nevera, a punto para montar el plato justo antes de servirlo.

1. Precalienta el horno a 200 °C con el ventilador en marcha.

2. En un bol grande, mezcla las cebollas con una cucharada de aceite y ⅛ de cucharadita de sal. Pásalas a una bandeja de horno grande forrada con papel vegetal y hornea de 18 a 20 minutos, hasta que la cebolla esté tierna y dorada. Retírala del horno y deja que se enfríe.

3. Pon agua con un poco de sal en una olla mediana y llévala a ebullición. Añade el trigo sarraceno y hierve durante 8 minutos. Añade las judías verdes y prolonga la cocción durante 5 minutos más, hasta que ambos ingredientes estén al dente. Escúrrelos, pásalos por agua fría para detener la cocción y resérvalos para que acaben de secarse.

4. Mezcla todos los ingredientes de la salsa con ⅛ de cucharadita de sal y reserva.

5. Cuando vayas a servir, mezcla la cebolla, el trigo sarraceno, las judías verdes, la menta y el estragón con la cucharada de aceite restante y ½ cucharadita de sal. Ya puedes poner la ensalada en una fuente y servirla con la salsa en un cuenco aparte, o bien mezclarla con ésta justo antes de pasarla a la fuente. Esparce por encima unos copos de guindilla y sirve.

Para 4 personas

2 cebollas rojas, peladas y cortadas en cuñas de 2 cm de grosor (300 g)
2 cdas de aceite de oliva
90 g de trigo sarraceno en grano
350 g de judías verdes redondas, despuntadas y cortadas por la mitad
5 g de hojas de menta, picadas gruesas
5 g de hojas de estragón, picadas gruesas
1 cdta de guindilla de Urfa en copos (o ½ cdta de guindilla normal en copos), para servir
sal

ALIÑO

100 g de yogur tipo griego
1 diente de ajo pequeño, prensado
1 cda de aceite de oliva
2 cdtas de zumo de limón
¼ de cdta de menta seca

Ensalada de cuscús, tomates cherry y hierbas aromáticas

Para 4 personas

250 g de cuscús

90 ml de aceite de oliva

2 cdtas de *ras el hanout*

400 ml de agua hirviendo

300 g de tomates cherry

2 cebollas, cortadas en
    rodajas delgadas (300 g)

30 g de pasas o sultanas

I cdta de semillas
    de comino, tostadas
    y ligeramente majadas

50 g de almendras
    tostadas y saladas,
    picadas gruesas

15 g de hojas de cilantro,
    picadas gruesas

15 g de hojas de menta,
    troceadas

I limón: I cdta
    de ralladura fina
    y I cda de zumo

sal y pimienta negra

Esta ensalada es perfecta para una barbacoa de verano, el acompañamiento ideal para toda clase de carnes y verduras a la brasa. Puedes preparar el cuscús, la cebolla y las pasas la víspera, si lo prefieres, y guardarlos por separado en la nevera. Acuérdate de sacarlos un poco antes de servir para que se atemperen.

I. Pon el cuscús en una fuente mediana. Riega con dos cucharadas de aceite, espolvorea con una cucharadita de *ras el hanout*, ¾ de cucharadita de sal y una buena pizca de pimienta. Vierte el agua hirviendo sobre el cuscús, remueve, tapa la fuente con papel de aluminio, sellando bien los bordes, y deja reposar durante 20 minutos. Retira el papel de aluminio, ahueca el cuscús con un tenedor y deja que se enfríe.

2. En una sartén grande, calienta una cucharada de aceite a fuego vivo, añade los tomates cherry y saltéalos durante 3 o 4 minutos, removiendo varias veces, hasta que la piel empiece a tostarse y rajarse. Retira los tomates de la sartén, adereza con una pizca de sal y reserva, aprovechando los jugos que hayan soltado.

3. Limpia la sartén con papel de cocina y calienta las tres cucharadas de aceite restantes a fuego medio alto. Añade la cebolla, la cucharadita restante de *ras el hanout*, ⅛ de cucharadita de sal y saltéala de 10 a 12 minutos, removiendo, hasta que la cebolla esté tierna y dorada. Retírala del fuego, incorpora las pasas y deja que se enfríe.

4. Cuando el cuscús se haya atemperado, pásalo a un bol grande. Añade la cebolla y las pasas y remueve. Incorpora las semillas de comino, las almendras, las hierbas aromáticas, la ralladura y el zumo de limón, ¼ de cucharadita de sal y una buena pizca de pimienta. Mezcla todos los ingredientes con delicadeza.

5. Pasa la ensalada a una fuente de servir y reparte los tomates salteados por encima.

Fotografía en la página 160

Estofado de lentejas y berenjena

Pocas cosas me dan más placer en la cocina que coger un puñado de ingredientes corrientes y cocinarlos de un modo distinto. Eso es lo que he hecho con este estofado, y también con el plato de lentejas y berenjena de la pág. 166. La lista de ingredientes de las dos recetas es muy similar, pero no tienen nada que ver una con otra. Ésa es una de las muchas razones por las que me chiflan las berenjenas: son muy versátiles y pueden prepararse de mil maneras.

Puedes servir este estofado como un entrante contundente, una guarnición o incluso un plato principal, acompañado de cualquier cereal que te guste. Si lo refrigeras, puedes dejarlo hecho tres días antes. Cuando vayas a servir, caliéntalo y añade la crème fraîche*, el aceite, la guindilla en copos y el orégano.*

1. En una cazuela grande y de bordes altos, calienta dos cucharadas de aceite a fuego medio-alto. Añade el ajo, la cebolla, el tomillo y ¼ de cucharadita de sal y sofríe durante 8 minutos, removiendo a menudo, hasta que estén tiernos y dorados. Traspásalos a un bol, dejando el aceite en la cazuela, y reserva.

2. Pon las berenjenas y los tomates en un recipiente y aderézalos con ¼ de cucharadita de sal y una buena pizca de pimienta. Vierte el aceite restante en la cazuela usada en el paso anterior (no te molestes en limpiarla) y, cuando esté bien caliente, añade las berenjenas y los tomates. Saltéalos durante 10 minutos a fuego medio-alto, dándoles la vuelta a menudo hasta que la berenjena esté tierna y tostada y los tomates empiecen a chamuscarse. Pon de nuevo el ajo y la cebolla rehogados en la sartén, añade las lentejas, el caldo, el vino, 450 ml de agua y ¾ de cucharadita de sal. Llévalo a ebullición y déjalo cocer a fuego lento durante 40 minutos, hasta que las lentejas estén tiernas pero sin que se deshagan.

3. Sirve el plato tibio o a temperatura ambiente, acompañado de una cucharada de *crème fraîche*, regado con un chorrito de aceite y espolvoreado con copos de guindilla y hojas de orégano.

Para 4 personas como entrante o guarnición, para 2 como plato principal

3 cdas de aceite de oliva, y un poco más para servir

3 dientes de ajo, cortados en láminas finas

1 cebolla roja grande, picada fina (160 g)

½ cda de hojas de tomillo

2 berenjenas pequeñas, cortadas en trozos de unos 5 x 2 cm (420 g)

200 g de tomates cherry

180 g de lentejas verdes de Puy

500 ml de caldo de verduras

80 ml de vino blanco seco

100 g de *crème fraîche*

1 cdta de guindilla de Urfa en copos (o ½ cdta de guindilla normal en copos)

2 cdtas de hojas de orégano

sal y pimienta negra

Bulgur con tomate, berenjena y yogur al limón

Para 4 personas como plato principal, para 8 como guarnición

2 berenjenas, cortadas en trozos de 3 cm (500 g)

105 ml de aceite de oliva

2 cebollas, cortadas finas en juliana (320 g)

3 dientes de ajo, prensados

1 cdta de pimienta de Jamaica

400 g de tomates cherry

1 cda de concentrado de tomate

250 g de *bulgur* de trigo

200 g de yogur tipo griego

1 limón pequeño en conserva, sin semillas, con la piel y la pulpa picadas finas (25 g)

10 g de hojas de menta, troceadas

sal y pimienta negra

Puedes servir el bulgur con tomate *como guarnición, sin la berenjena ni la salsa de yogur, pero si haces la receta tal como aparece aquí tendrás un plato principal vegetariano muy saciante. Puedes preparar los distintos elementos de la receta la víspera y refrigerarlos por separado. En el momento de servir, sólo tendrás que calentarlo todo y montar el plato.*

1. Precalienta el horno a 200 °C con el ventilador en marcha.

2. En un bol grande, pon la berenjena con cuatro cucharadas de aceite, ½ cucharadita de sal y una buena pizca de pimienta. Mezcla bien y extiéndelo sobre una bandeja de horno grande forrada con papel vegetal. Hornea durante 35 o 40 minutos, removiendo a media cocción, hasta que las berenjenas estén tiernas y caramelizadas. Saca la bandeja del horno y reserva.

3. En una cazuela grande provista de tapa, calienta el aceite restante a fuego medio-alto. Cuando esté muy caliente, añade la cebolla y sofríela durante 8 minutos, removiendo varias veces, hasta que esté tierna y caramelizada. Añade el ajo y la pimienta de Jamaica y sofríe un minuto más, sin dejar de remover hasta que el ajo haya liberado su aroma y empiece a tostarse. Añade los tomates cherry, aplastándolos con una cuchara de palo para romperlos. Incorpora el concentrado de tomate, 400 ml de agua y una cucharadita de sal. Llévalo a ebullición, tapa y deja que cueza a fuego medio-bajo durante 12 minutos. Añade el *bulgur*, remueve para que se impregne bien de todos los sabores y retira la cazuela del fuego. Deja que repose durante 20 minutos para que el *bulgur* absorba todo el líquido.

4. En un recipiente mediano, mezcla el yogur con el limón en conserva, la mitad de la menta y ⅛ de cucharadita de sal.

5. Reparte el *bulgur* en cuatro platos. Corónalo con la berenjena, riégalo con la salsa de yogur y vierte encima la menta restante.

Bulgur con champiñones y feta

Esta receta puede usarse como guarnición o como plato principal, acompañada de unas hortalizas salteadas. Mezcla tantas variedades de setas como quieras y puedas. Vaya desde aquí mi agradecimiento a Limor Laniado Tiroche, periodista gastronómica del diario Haaretz, por haber inspirado esta receta.

Para 4 personas como guarnición, para 2 como plato principal

150 g de *bulgur* de trigo

250 ml de agua hirviendo

65 ml de aceite de oliva

1 cebolla grande, cortada en juliana fina (170 g)

1 cdta de semillas de comino

500 g de champiñones variados, cortados en láminas de 4-5 mm (o troceados con las manos si son silvestres)

2 cdas de hojas de tomillo

2 cdas de vinagre balsámico

10 g de eneldo, picado grueso, y un poco más para servir

60 g de queso feta, desmenuzado en trozos de 1-2 cm

1 cdta de guindilla de Urfa en copos (o ½ cdta de guindilla normal en copos)

sal y pimienta negra

1. Lava el *bulgur* y ponlo en un bol grande. Sazónalo con ¼ de cucharadita de sal y una buena pizca de pimienta, y luego añade el agua hirviendo. Tapa el bol con film transparente y deja que repose durante 20 minutos, hasta que el *bulgur* haya absorbido el líquido y esté tierno. Si quedara algo de líquido, escúrrelo y reserva.

2. Mientras, calienta dos cucharadas de aceite en una sartén grande a fuego medio-alto. Añade la cebolla y sofríe durante 7 u 8 minutos, hasta que esté tierna y caramelizada. Añade ½ cucharadita de semillas de comino y sigue salteándola durante 1 o 2 minutos, hasta que se dore. Retírala de la sartén y reserva.

3. En la misma sartén, calienta otras dos cucharadas de aceite a fuego vivo. Añade los champiñones y ½ cucharadita de sal y saltéalos de 6 a 7 minutos, removiendo a menudo, hasta que los champiñones se hayan dorado y reblandecido. Añade la ½ cucharadita restante de semillas de comino y el tomillo y saltéalos durante un minuto más, sin dejar de remover. Riégalos con el vinagre balsámico y dale 30 segundos más de cocción. Apenas debería quedar líquido en la sartén. Incorpora el *bulgur*, la cebolla, el eneldo, el queso feta y los copos de guindilla. Caliéntalo todo y apártalo del fuego.

4. Pon el *bulgur* y los champiñones en una fuente grande o dos platos individuales. Espolvoréalos con un poco más de eneldo, riégalos con el aceite restante y sírvelos.

Lentejas con berenjena, tomate y yogur

M L

En aras de la sencillez, he asado las berenjenas al horno, pero si quieres darle un sabor ahumado a la pulpa de la berenjena lo mejor es tostarla directamente sobre la llama viva de los fogones. Yo suelo forrar la placa con papel de aluminio (dejando un hueco para que las llamas puedan salir) y uso unas pinzas largas para dar la vuelta a las berenjenas y lograr que se chamusquen de manera uniforme. Puede que de esta forma ensucies un poco más, pero la buena noticia es que sólo tardarás de 15 a 20 minutos en tener las berenjenas listas, en vez de toda una hora, y el sabor ahumado resultante es más intenso.

Puedes preparar este plato con tres días de antelación, hasta el paso en que se añade el yogur. Consérvalo en la nevera hasta el momento de servir.

Para 4 personas como entrante o guarnición, para 2 como plato principal

4 berenjenas, pinchadas con un cuchillo (1,1 kg)

300 g de tomates cherry

160 g de lentejas verdes de Puy (o 350 g de lentejas cocidas, si quieres ahorrar tiempo)

2 cdas de aceite de oliva, y un poco más para servir

1 ½ cdas de zumo de limón

1 diente de ajo pequeño, prensado

3 cdas de hojas de orégano

100 g de yogur tipo griego

sal y pimienta negra

1. Precalienta el horno a 230 °C con el ventilador en marcha, o a la máxima potencia.

2. Pon las berenjenas en una bandeja de hornear y ásalas durante una hora, dándoles la vuelta a media cocción, hasta que la pulpa esté muy tierna y la piel ligeramente ahumada. Retíralas del horno y, cuando estén lo bastante frías para manipularlas, vacíalas y pon la pulpa en un colador. Deja que reposen, en el fregadero o sobre un recipiente, durante 30 minutos, para que suelten todo el líquido. Puedes desechar la piel.

3. Pon los tomates cherry en la misma bandeja y hornéalos durante 12 minutos, hasta que estén ligeramente chamuscados, rotos y tiernos. Sácalos del horno y resérvalos.

4. Mientras tanto, si has decidido usar lentejas crudas, lleva a ebullición abundante agua en una olla mediana. Cuando rompa a hervir, añade las lentejas, baja el fuego y cuécelas durante 20 minutos, hasta que estén tiernas, pero sin que se deshagan. Escúrrelas y deja que reposen para que pierdan todo el líquido de la cocción. Si te has decantado por las lentejas cocidas, viértelas en un bol grande y añade la pulpa de berenjena, los tomates, el aceite, el zumo de limón, el ajo, dos cucharadas de orégano, ¾ de cucharadita de sal y una buena pizca de pimienta. Mézclalo todo bien y pásalo a una fuente grande. Riégalo con el yogur, rastrillando la superficie con un tenedor para dibujar unas rayas. Espolvorea con la cucharada el orégano restante, riégalo todo con un chorrito de aceite y sírvelo.

Arroz integral con cebolla caramelizada y ajo negro

*Para 4 personas,
como guarnición*
65 ml de aceite de girasol
2 cebollas grandes,
   peladas y cortadas
   en cuñas de 2 cm
   de grosor (500 g)
1 limón: la peladura fina
   y 2 cdas de zumo
200 g de arroz integral,
   lavado y escurrido
10 dientes de ajo negro,
   cortados en láminas
   finas
150 g de yogur tipo griego
10 g de hojas de perejil,
   picadas gruesas
sal

Esta receta de arroz es el acompañamiento perfecto para los platos de cordero y cerdo, pero también puedes servirla tal cual, junto con un bol de verduras crudas o al vapor. Y si nunca has probado el ajo negro, esta receta es una forma estupenda de familiarizarse con este ingrediente. Su sabor —a medio camino entre el vinagre balsámico y el regaliz— y su textura blanda lo hacen muy fácil de cortar o triturar, por lo que es un gran aliado a la hora de aportar sabor a un sinfín de platos. No temas caramelizar bien las cebollas; cuanto más oscuras queden, más dulces serán al paladar. Puedes prepararlas la víspera y conservarlas en la nevera.

1. En una cazuela grande provista de tapa, calienta 50 ml de aceite a fuego medio-alto. Cuando esté bien caliente, rehoga las cebollas con ¼ de cucharadita de sal durante 12 minutos, removiendo de vez en cuando para asegurarte de que no se queman. Añade la peladura de limón y cocínalo todo durante 12 minutos más, removiendo de vez en cuando hasta que las cebollas se tuesten y caramelicen. Resérvalas en un recipiente aparte.

2. Vierte la cucharada restante de aceite en la cazuela y añade el arroz y ½ cucharadita de sal durante un minuto, sin dejar de remover. Incorpora 500 ml de agua, llévalo a ebullición y baja el fuego. Tápalo y deja que cueza a fuego lento durante 45 minutos, hasta que el arroz esté bien hecho. Retíralo del fuego e incorpora la cebolla, el zumo de limón y el ajo negro. Sírvelo enseguida, acompañado de una generosa cucharada de yogur y espolvoreado con perejil. Si lo prefieres, también puedes servir el yogur en un bol aparte.

Arroz a la menta con aliño de granada y aceitunas

Cocinar el arroz a la perfección es una de esas técnicas que no debería resultar complicada, pero que a veces se nos resiste inexplicablemente. Hacerlo al horno, como en esta receta, es un método infalible (¡buena prueba de ello es que me permitió dar de comer a setecientas personas en el festival Wilderness de 2017!) y el resultado es una guarnición fantástica para toda clase de platos, aunque combina especialmente bien con tubérculos asados y carne de cordero y cerdo.

Si lo deseas, puedes preparar el aliño unas horas antes de servir y conservarlo en la nevera.

1. Precalienta el horno a 230 °C con el ventilador en marcha, o a la máxima potencia.

2. Extiende el arroz en una fuente de hornear profunda de 20 x 30 cm. Sazónalo con ¾ de cucharadita de sal y una buena pizca de pimienta, y luego riégalo con la mantequilla fundida y el agua hirviendo. Reparte por encima las ramitas de menta y tapa la fuente con papel de aluminio, sellando bien los bordes para que el vapor no se escape. Hornéalo durante 25 minutos, hasta que el arroz esté cocido, suelto y haya absorbido todo el líquido.

3. Mientras tanto, mezcla en un bol mediano todos los ingredientes del aliño excepto los 10 g de hojas de menta troceadas, junto con ¼ de cucharadita de sal. Remuévelo bien y reserva.

4. Saca el arroz del horno. Destapa y desecha el papel de aluminio. Retira las hojas a las ramitas de menta (puedes desechar los tallos) y vuelve a ponerlas en el arroz. Esparce por encima el queso feta. Justo antes de servir, añade la menta troceada al aliño y riega con él el arroz. Sírvelo caliente.

Para 6 personas

400 g de arroz basmati

50 g de mantequilla sin sal, fundida

800 ml de agua hirviendo

50 g de menta (40 g en rama; las hojas troceadas de los 10 g restantes, para el aliño)

150 g de queso feta, desmenuzado en trozos de 1-2 cm

sal y pimienta negra

ALIÑO

40 g de aceitunas verdes sin hueso, cortadas en rodajas finas

las semillas de 1 granada (90 g)

50 g de nueces peladas, ligeramente tostadas y troceadas

3 cdas de aceite de oliva

1 cda de melaza de granada

1 diente de ajo pequeño, prensado

Arroz tailandés con crujiente de jengibre, guindilla y cacahuetes

El arroz al estilo tailandés es una maravilla por sí solo, el acompañamiento ideal para toda clase de platos de carne y pescado, pero en esta receta la incorporación de texturas crujientes lo lleva un paso más allá. Me gusta servir este arroz con una buena lubina asada (véase la pág. 260) o un salteado de tofu para crear un festín de inspiración oriental. Trocea todos los ingredientes que lo requieran antes de empezar, porque, una vez que la sartén esté caliente, no tendrás tiempo de hacerlo.

1. En una cazuela mediana provista de tapa, pon el arroz, ½ cucharadita de sal y 600 ml de agua. Llévalo a ebullición y deja que cueza a fuego suave, tapado, durante 15 minutos. Retíralo del fuego y mantenlo tapado durante 5 minutos.

2. Mientras el arroz se hace, vierte el aceite en una sartén mediana a fuego medio-alto. Cuando esté bien caliente, añade el jengibre, el ajo y la guindilla y saltea durante 3 o 4 minutos, removiendo con frecuencia, hasta que empiecen a dorarse. Incorpora el cilantro, los cacahuetes, las semillas de sésamo y una buena pizca de sal y saltéalo todo de 1 a 2 minutos más, hasta que tome color. Añade el arroz y sírvelo acompañado de las cuñas de lima.

Para 6 personas, como guarnición

400 g de arroz glutinoso
1 ½ cdas de aceite de cacahuete
1 trozo de jengibre de 5 cm, pelado y cortado en juliana (40 g)
3 dientes de ajo, cortados en láminas finas
2 guindillas rojas, cortadas en juliana
30 g de cilantro, cortado en segmentos de 3 cm
25 g de cacahuetes salados y tostados, picados gruesos
1 cda de semillas de sésamo
1 lima, cortada en 6 cuñas, para servir
sal

Arroz al horno con tomates y ajos confitados

Para 6 personas como guarnición, para 4 como plato principal

800 g de tomates cherry

12 dientes de ajo grandes (o 25 normales), pelados (85 g)

4 chalotas, peladas y cortadas en trozos de 3 cm (220 g)

25 g de cilantro, cortados en segmentos de 4 cm, y 10 g más de hojas, picadas gruesas, para servir

3 cdas de hojas de tomillo (10 g)

4 ramas de canela pequeñas

100 ml de aceite de oliva

300 g de arroz basmati

600 ml de agua hirviendo

sal y pimienta negra

Ésta ha sido durante bastantes meses mi guarnición preferida, ya que casa bien con casi cualquier cosa que pongas sobre la mesa y a la vez es lo bastante rica en sabores para servirse tal cual, como plato principal vegetariano.

Ya sé que pelar una cabeza de ajos entera no es el colmo de la sencillez culinaria, pero, una vez hecho, la gracia de esta receta es que el arroz se cuece en el horno y no al fuego. Si para ti hervir el arroz a la perfección es una empresa extrañamente difícil, esta receta será toda una revelación. Eso sí, asegúrate de sellar bien la fuente con papel de aluminio para que el vapor no se escape.

1. Precalienta el horno a 160 °C con el ventilador en marcha.

2. En una fuente de hornear profunda, de unos 20 x 30 cm, reparte los tomates, el ajo, las chalotas, las hierbas aromáticas y la canela. Riégalo con el aceite de oliva, adereza con ½ cucharadita de sal y una buena pizca de pimienta negra y hornéalo durante una hora, hasta que las verduras estén tiernas. Sácalo del horno, esparce el arroz sobre las verduras de manera homogénea, sin remover, y resérvalo.

3. Sube la temperatura del horno a 220 °C con el ventilador en marcha.

4. Adereza el arroz con ½ cucharadita de sal y abundante pimienta negra y luego vierte por encima el agua hirviendo. Cubre la fuente con papel de aluminio, sellando bien los bordes, y hornéalo durante 25 minutos, hasta que el arroz esté cocido. Sácalo del horno y déjalo reposar 10 minutos sin destapar. Retira el papel de aluminio, reparte por encima las hojas de cilantro, remuévelo con delicadeza y sirve.

Fideos de arroz
y pasta

Ensalada de fideos de arroz con pepino y semillas de amapola

Para 6-8 personas

60 ml de vinagre
   de manzana
30 g de azúcar moreno
1 cebolla roja pequeña,
   cortada en juliana fina
   (120 g)
1 trozo de jengibre de 5 cm,
   pelado y cortado en
   juliana (40 g)
150 g de fideos de arroz
   planos, partidos en
   segmentos de unos 15 cm
3 cdas de aceite de oliva
1 manzana Granny Smith,
   sin el corazón,
   cortada en cuartos
   y luego en láminas
   de 2 mm de grosor
   (120 g)
1 pepino grande, sin pelar,
   abierto por la mitad a lo
   largo, sin las semillas y
   cortado en tiras largas
   y delgadas (250 g)
2 guindillas rojas, sin semillas
   y cortadas en juliana
15 g de hojas de menta,
   enteras o picadas gruesas
15 g hojas de estragón,
   enteras o picadas gruesas
1 cda de semillas de amapola
sal

Si eres de los que se están preguntando si esta lista de ingredientes no es sospechosamente larga para un libro de recetas sencillas, te diré que en realidad estoy bastante orgulloso de mi contención. Mi tendencia a arramblar con todo lo que encuentro en el supermercado asiático cada vez que me lanzo a preparar unos fideos de arroz ha quedado sobradamente documentada a lo largo de los años en las cartas que mis lectores han enviado a la redacción de The Guardian.

Es posible preparar gran parte de la receta unas pocas horas antes —la cebolla y el jengibre pueden quedar hechos la víspera— y montar el plato cuando vayas a servirlo.

1. En un bol mediano, bate el vinagre y el azúcar hasta que éste se haya disuelto. Añade la cebolla y el jengibre y remueve para impregnarlos bien. Déjalo reposar durante unos 30 minutos, removiendo varias veces, para que se ablanden.

2. Pon los fideos en un recipiente grande y vierte por encima suficiente agua hirviendo para cubrirlos. Déjalos reposar entre 15 y 20 minutos, hasta que los fideos estén blandos, y entonces escúrrelos bien. Mézclalos con una cucharada de aceite y déjalos en un bol grande para que se enfríen.

3. Añade el resto de los ingredientes a los fideos, junto con la cebolla y el jengibre encurtidos y su jugo, las dos cucharadas restantes de aceite y 1 ½ cucharaditas de sal. Mézclalo todo bien y sirve el plato enseguida.

Fideos *soba* con lima, cardamomo y aguacate

Sacar las semillas de doce vainas de cardamomo y majarlas puede parecer mucho trabajo para obtener media cucharadita de ese ingrediente, pero vale la pena invertir los escasos minutos que se tarda en hacerlo. El toque afrutado, floral y cítrico de la especia aporta al plato un sabor verdaderamente único.

Suelo comerlo tal cual, como almuerzo rápido o cena ligera, aunque a veces le añado un puñado de langostinos o unos dados de tofu justo antes de servirlo. También queda estupendo como acompañamiento de un salmón a la plancha, o como base para un huevo pasado por agua.

1. Hierve los fideos siguiendo las instrucciones del envase (que varían según la marca). Cuando estén hechos, enfríalos bajo el chorro de agua fría para detener la cocción y resérvalos en un colador para que se escurran bien.

2. Con la hoja del cuchillo, aplasta las vainas de cardamomo para sacar las semillas. Ponlas en un mortero y desecha las vainas. Maja las semillas (deberías obtener cerca de ½ cucharadita) y mézclalas con los fideos en un bol grande. Añade la albahaca, el cilantro, los pistachos, la ralladura y el zumo de lima, el aceite, la guindilla, el aguacate y ½ cucharadita de sal. Mézclalo todo bien y repártelo en cuatro cuencos, rebañando lo que haya quedado en el bol. Reparte por encima las semillas de ajenuz o los copos de guindilla, si has decidido usarlos, y sirve el plato con una cuña de lima.

Para 4 personas

200 g de fideos de trigo sarraceno (o *soba* de té verde)

12 vainas de cardamomo verde

30 g de hojas de albahaca, picadas gruesas

30 g de hojas de cilantro, picadas gruesas

70 g de pistachos pelados y troceados gruesos

3 limas: 1 cdta de ralladura fina, 3 cdas de zumo y 4 cuñas, para servir

3 cdas de aceite de cacahuete

1 guindilla verde, sin semillas y cortada en juliana fina

2 aguacates maduros, cortados en rodajas de 0,5 cm

¼ de cdta de semillas de ajenuz o guindilla de Urfa en copos, para servir (opcional)

sal

Ensalada de espaguetis de mar y sésamo con aliño de *tahina*

El espagueti de mar posee una textura similar a la de los fideos de arroz, pero con el toque extra del punto salado. El shichimi togarashi es una mezcla de especias picante que le va como anillo al dedo, pero a falta de ésta puedes usar guindilla normal en copos.

Tal cual lo presentamos aquí, este plato es perfecto como almuerzo ligero o entrante, pero también puedes servirlo con un bol de arroz blanco para que resulte más saciante, o como guarnición de un plato de pescado azul —como la caballa o el salmón— o de unas gambas a la plancha.

Sírvelo en cuanto hayas mezclado todos los ingredientes, ya que el pepino empezará a perder líquido si lo dejas durante demasiado tiempo. Puedes preparar el aliño hasta dos días antes.

I. En un bol pequeño, mezcla todos los ingredientes del aliño. Bate hasta que emulsione y reserva.

2. Pon los espaguetis de mar en una olla mediana y cúbrelos con agua fría. Llévala a ebullición, baja el fuego y deja que hiervan durante 15 minutos, hasta que estén al dente. Escúrrelos, pásalos por agua fría para detener la cocción, escúrrelos bien y resérvalos. En un bol grande, mezcla los espaguetis de mar con el pepino, las semillas de sésamo, el cilantro, el aliño de *tahina* y ½ cucharadita de sal. Remuévelo bien y repártelo en los boles (o ponlo en una fuente grande), espolvoréalo con los copos de guindilla y sírvelo enseguida.

Para 4 personas

50 g de algas «espaguetis de mar»

I pepino grande, abierto por la mitad, sin semillas y cortado en bastones largos y delgados (250 g)

20 g de semillas de sésamo blanco o negro, o una mezcla de ambas, ligeramente tostadas

15 g de hojas de cilantro

½ cdta de guindilla en copos (o *shichimi togarashi*, si lo encuentras)

sal

ALIÑO DE *TAHINA*

I cdta de miel

I ½ cdtas de vinagre de arroz

I cda de *mirin*

I cdta de mostaza de Dijon

I ½ cdtas de salsa de soja

I cda de *tahina*

I cda de aceite de cacahuete

Pasta *alla Norma*

Tras pasar el día entre fogones, probando de aquí y allá, son pocas las recetas que me apetece cocinar y comer cuando llego a casa. Ésta es una de ellas. Si te gusta anticiparte y preparar comida de más, duplica o triplica las cantidades indicadas para la salsa de tomate y la tendrás lista para usar en cualquier ocasión. Se conserva en la nevera durante cinco días, pero también puedes congelarla. Una vez asada, la berenjena tampoco perderá nada por esperar un día a temperatura ambiente o en la nevera.

Si encuentras ricotta salada, pruébala en lugar del pecorino romano. Es una variedad de ricotta que ha sido prensada, salada y curada. Su sabor, más acentuado y rico en matices, así como su textura —más firme que la de la ricotta normal— la hacen perfecta para rallar por encima de los espaguetis.

Para 4 personas

3 berenjenas (900 g)
120 ml de aceite de oliva
5 dientes de ajo, cortados
  en láminas finas
1-2 guindillas secas (sin
  semillas, si no quieres
  que pique)
2 latas de 400 g cada una
  de tomates de pera

5 ramitas de orégano (8g)
1 cdta de azúcar extrafino
300 g de espaguetis
45 g de pecorino romano
  curado (o bien ricotta
  salada), rallado
20 g de hojas de albahaca,
  troceadas
sal y pimienta negra

I. Precalienta el horno a 220 °C con el ventilador en marcha.

2. Usando un pelador y con un movimiento descendente, de punta a punta, pela las berenjenas, intercalando tiras de piel y pulpa. Corta las berenjenas en rodajas de 1 cm de grosor y ponlas en un bol. Riégalas con 75 ml de aceite, ¾ de cucharadita de sal y una buena pizca de pimienta. Mézclalo bien y reparte en dos bandejas de horno grandes forradas con papel vegetal. Hornéalas durante 30 o 35 minutos, hasta que estén doradas y empiecen a tostarse. Sácalas del horno y resérvalas.

3. En una cazuela, calienta 2 cucharadas de aceite a fuego medio-alto. Añade el ajo y la guindilla y saltéalos durante 1 o 2 minutos, sin dejar de remover, hasta que el ajo se haya dorado. Añade el tomate, el orégano, el azúcar, ½ cucharadita de sal y una pizca de pimienta. Baja el fuego y deja que los ingredientes cuezan suavemente durante 10 minutos hasta que la salsa haya reducido. Retira las ramitas de orégano e incorpora la berenjena. Resérvalo.

4. Pon agua y sal en una olla grande y cuando rompa a hervir, añade los espaguetis. Cuécelos hasta que estén al dente y escúrrelos, reservando un poco del agua de cocción. Mezcla los espaguetis con la salsa y añade dos tercios del pecorino y la albahaca. Si la salsa ha quedado demasiado espesa, aligérala con unas cucharadas del agua de cocción.

5. Reparte los espaguetis en cuatro boles poco profundos y espolvoréalos con el resto del pecorino y la albahaca. Riégalos con la cucharada de aceite restante y sirve el plato.

Fettuccine con salsa de tomates cherry y pimiento choricero

Cuando los encuentres bien maduros, compra una buena cantidad de tomates cherry y prepara el doble o el triple de la salsa indicada en esta receta. Tarda un ratito en hacerse —poco más de una hora—, pero se conserva durante cinco días en la nevera y puedes congelarla durante un mes. El pimiento choricero aporta al plato un toque ahumado que le va de maravilla, pero puedes reemplazarlo por ¼ de cucharadita de pimentón dulce ahumado. Si prefieres un sabor menos intenso, no añadas este ingrediente.

1. En una cazuela grande, pon 75 ml de aceite a fuego medioalto. Cuando esté bien caliente, añade el ajo y saltea durante un minuto, removiendo de vez en cuando, hasta que empiece a caramelizarse. Añade los tomates —con cuidado, para que el aceite no salpique—, el azúcar, el pimiento choricero y ½ cucharadita de sal. Vierte 200 ml de agua en la cazuela y remueve durante 4 minutos, hasta que los tomates empiecen a deshacerse y la salsa borbotee. Baja el fuego y déjalo cocer durante una hora, removiendo ocasionalmente, hasta que los tomates y el pimiento choricero se hayan deshecho y la salsa haya espesado. Incorpora la albahaca y reserva en un lugar templado.

2. Pon abundante agua y sal en una olla grande a fuego vivo y, cuando rompa a hervir, añade la pasta. Hiérvela durante 10 o 12 minutos, o según las instrucciones del fabricante, hasta que quede al dente. Escurre la pasta y mézclala con la salsa. Repártela en varios boles, espolvorea con parmesano y sirve.

Para 4 personas

90 ml de aceite de oliva

2 dientes de ajo, cortados en láminas finas

1 kg de tomates cherry, cortados por la mitad

½ cdta de azúcar extrafino (más o menos, según lo dulces que sean los tomates)

1 pimiento choricero seco, troceado

20 g de hojas de albahaca

400 g de fettuccine (o espaguetis)

35 g de queso parmesano, rallado fino

sal

Pappardelle con *harissa* de rosas, aceitunas negras y alcaparras

Para 4 personas

2 cdas de aceite de oliva

1 cebolla grande, cortada
en juliana fina (220 g)

3 cdas de *harissa*
de rosas (o un 50 %
más o menos, según
la variedad; véase la
pág. 301) (45 g)

400 g de tomates cherry,
cortados por la mitad

55 g de aceitunas *kalamata*
deshuesadas, partidas
por la mitad

20 g de alcaparras *baby*

500 g de pappardelle seca
(u otra pasta ancha
y plana)

15 g de perejil, picado
grueso

120 g de yogur tipo griego

sal

Pappare *significa «engullir» en italiano, y el nombre es ideal para
este plato (sobre todo en casa de Tara, donde su marido Chris
lo prepara casi todos los domingos para cenar). A mí me gusta con
un buen toque picante, pero puedes reducir la cantidad de harissa
para adaptarlo a tu gusto. Si lo prefieres, prepara la salsa con tres
días de antelación y consérvala en el frigorífico hasta el momento
de usarla.*

I. En una cazuela grande provista de tapa, pon el aceite a fuego
medio-alto. Cuando esté caliente, añade la cebolla y rehógala
durante 8 minutos, removiendo de vez en cuando, hasta que esté
tierna y caramelizada. Añade la *harissa*, los tomates, las aceitunas,
las alcaparras y ½ cucharadita de sal y deja que cueza durante
3 o 4 minutos más, removiendo a menudo, hasta que los tomates
empiecen a deshacerse. Añade 200 ml de agua y remueve.
Cuando rompa a hervir, baja el fuego, tapa y déjalo cocer a fuego
medio durante 10 minutos. Destapa y prolonga la cocción 4 o
5 minutos más, hasta que la salsa haya reducido y los sabores se
hayan concentrado. Incorpora 10 g de perejil y reserva.

2. Entretanto, pon abundante agua salada en una olla grande a
fuego vivo. Cuando rompa a hervir, añade la pappardelle y cuécela
siguiendo las instrucciones del envase para que la pasta quede al
dente. Escúrrela bien.

3. Vuelve a ponerla en la olla, riégala con la salsa de *harissa*
y añade ⅛ de cucharadita de sal. Mézclalo todo bien y repártelo
en cuatro boles poco profundos. Sirve la pasta caliente, con una
cucharada de yogur, y espolvorea con perejil.

Fotografía a la derecha, junto a los Gigli con garbanzos y za'atar (pág. 191)

Gigli con garbanzos y *za'atar*

Gigli *significa «lirios» o «azucenas», y sus delicados bordes ondulados son un vehículo perfecto para los garbanzos y las anchoas bañados en salsa. Las* orecchiette *y las* conchiglie *también envuelven y retienen la salsa, por lo que también son muy adecuadas para elaborar este plato.*

I. En una cazuela grande, calienta el aceite de oliva a fuego vivo. Añade la cebolla, el ajo, el comino, el tomillo, las anchoas, la peladura de limón, ½ cucharadita de sal y una buena pizca de pimienta. Saltéalo durante 3 o 4 minutos, removiendo a menudo, hasta que la cebolla esté tierna y dorada. Baja un poco el fuego y añade los garbanzos y el azúcar. Rehoga durante 8 minutos, removiendo de vez en cuando, hasta que los garbanzos empiecen a tostarse. Añade el caldo de pollo y el zumo de limón y deja que cueza a fuego lento durante 6 minutos, hasta que la salsa haya reducido un poco. Retira la cazuela del fuego y reserva. Puedes preparar la salsa de antemano, si lo prefieres, y calentarla antes de servir.

2. Pon agua y sal en una olla grande y llévala a ebullición. Añade la pasta y hierve durante 8 minutos, o el tiempo indicado en las instrucciones para que quede al dente. Escúrrela y resérvala.

3. Incorpora el perejil y las espinacas a la salsa, cuyo calor residual debería bastar para cocinarlas. Si no fuera así, calienta la salsa a fuego suave. Añade la pasta a la cazuela de la salsa y remueve para integrar todos los ingredientes. Repártelo en cuatro boles y espolvorea con *za'atar*. Riega la pasta con un chorrito de aceite y sírvela.

Para 4 personas

45 ml de aceite de oliva, y un poco más para servir

½ cebolla, picada fina (100 g)

2 dientes de ajo, prensados

2 cdtas de comino molido

10 g de hojas de tomillo, picadas finas

25 g de filetes de anchoa en aceite, escurridos y picados finos (unos 7)

1 limón: la peladura fina de ½ limón y 2 cdas de zumo

480 g de garbanzos cocidos y escurridos

1 cdta de azúcar moreno

400 ml de caldo de pollo

200 g de pasta *gigli* (o *conchiglie*, u *orecchiette*)

50 g de hojas de espinacas *baby*

15 g de perejil, picado grueso

1 ½ cdtas de *za'atar*

sal y pimienta negra

Orzo con langostinos, tomate y feta marinado

La mezcla de langostinos, feta, tomate y pasta es una de mis preferidas, y vuelvo a ella una y otra vez para preparar cenas en un visto y no visto sin ensuciar más de un cacharro. El orzo es una pasta pequeña cuya forma recuerda la de los granos de arroz. Se encuentra fácilmente y le gusta a todo el mundo. Si usas los langostinos sin pelar, deja algunos con cabeza, para que el resultado sea más vistoso. El queso feta marinado queda fantástico esparcido por encima de toda clase de ensaladas y se conserva hasta una semana en la nevera, así que no dudes en hacer más de la cuenta.

1. En un bol mediano, mezcla el queso feta, ¼ de cucharadita de guindilla en copos, dos cucharaditas de semillas de hinojo y una cucharada de aceite. Resérvalo mientras preparas la pasta.

2. En una cazuela grande provista de tapa, calienta a fuego medio-alto dos cucharadas de aceite, añade la pasta, ⅛ de cucharadita de sal y una buena pizca de pimienta y cocínala durante 3 o 4 minutos, removiendo a menudo, hasta que se dore. Retírala y reserva.

3. Vuelve a poner la cazuela al fuego y añade las dos cucharadas de aceite restantes, ¼ de cucharadita de copos de guindilla, dos cucharaditas de semillas de hinojo, el ajo y la peladura de naranja. Saltea durante un minuto, hasta que el ajo empiece a dorarse, y luego añade la pulpa de tomate, el caldo, 200 ml de agua, ¾ de cucharadita de sal y abundante pimienta. Deja que cueza durante 2 o 3 minutos, o hasta que rompa a hervir, y luego incorpora el *orzo* salteado. Tápalo, baja el fuego y deja que hierva suavemente durante 15 minutos, removiendo una o dos veces durante la cocción, hasta que la pasta esté hecha. Destapa y déjala cocer durante un par de minutos más, hasta que adquiera la consistencia de un risotto. Incorpora los langostinos y prolonga la cocción 2 o 3 minutos más, hasta que estén rosados por fuera y hechos por dentro. Añade la albahaca, remueve y sirve la pasta enseguida, espolvoreada con el feta desmenuzado.

Para 4 personas

200 g de queso feta, desmenuzado en trozos de 1-2 cm

½ cdta de guindilla en copos

4 cdtas de semillas de hinojo, tostadas y ligeramente majadas

75 ml de aceite de oliva

250 g de *orzo*

3 dientes de ajo, prensados

3 tiras de peladura fina de naranja

1 lata de 400 g de pulpa de tomate

500 ml de caldo de verduras

400 g de langostinos crudos, pelados

30 g de hojas de albahaca, troceadas

sal y pimienta negra

Pasta con pecorino y pistachos

Para 4 personas,
como entrante

50 g de hojas de albahaca

1 diente de ajo, prensado

3 filetes de anchoa en
   aceite, escurridos

75 ml de aceite de oliva

200 g de pasta seca (*trofie*
   o *fusilli*)

130 g de tirabeques,
   cortados finos en juliana

75 g de queso pecorino,
   rallado fino

75 g de pistachos pelados,
   picados gruesos

1 cdta de ralladura
   de limón

sal y pimienta negra

Tradicionalmente, el pesto se come con una pasta llamada trofie, *pero los* fusilli *también le van muy bien. Si quieres dar a esta receta un toque extra de sabor y color, incorpora a la salsa unos tomates asados al horno. Corta 400 g tomates cherry por la mitad, aliña con una cucharada de aceite, salpimienta y hornea a 150 ºC con el ventilador en marcha, durante cuarenta minutos, hasta que hayan perdido buena parte de sus jugos y estén ligeramente caramelizados. Si preparas una buena cantidad de tomates, se conservarán hasta una semana en la nevera dentro de un recipiente hermético, listos para enriquecer toda clase de ensaladas y platos a base de cereales.*

1. Mezcla en el robot de cocina 30 g de albahaca, el ajo, las anchoas y el aceite de oliva. Procesa hasta obtener una pasta grumosa y resérvala.

2. Llena hasta la mitad una olla grande con agua y sal y ponla a fuego vivo. Cuando rompa a hervir, añade la pasta y hierve durante 7 minutos, hasta que esté casi al dente. Añade los tirabeques y deja que hierva durante 2 minutos más, hasta que la pasta esté en su punto justo y los tirabeques tiernos.

3. Escurre la pasta y los tirabeques y pásalos a un bol grande. Añade la salsa de albahaca y remueve bien. Incorpora el pecorino, los pistachos, la ralladura de limón, los 20 g restantes de albahaca, ⅛ de cucharadita de sal y una buena pizca de pimienta. Mezcla los ingredientes con delicadeza para integrarlos y sirve.

Espaguetis con anchoas e hinojo marino

Tanto el hinojo marino como las anchoas tienen un potente sabor a mar. Unirlos en la misma receta da como resultado un plato humilde, pero inmensamente rico en sabor. Aprovecho para dar las gracias a Claudia Lazarus.

1. En una cazuela grande, calienta el aceite a fuego medio. Cuando esté bien caliente, añade las anchoas, los copos de guindilla, el ajo, la ralladura de limón, la mitad del perejil y una buena pizca de pimienta. Cocínalo suavemente durante 5 minutos, removiendo con frecuencia, hasta que las anchoas se hayan deshecho en el aceite. Entonces vierte el vino y deja que cueza durante 4 o 5 minutos, hasta que la salsa se haya reducido y espesado. Retírala del fuego y reserva mientras hierves la pasta.

2. Lleva a ebullición agua y sal en una olla grande y hierve los espaguetis hasta que estén al dente. Treinta segundos antes de apagar el fuego, añade el hinojo marino. Reserva un par de cucharones del agua de cocción y escurre la pasta y el hinojo marino. Vuelve a poner la cazuela con la salsa a fuego medio-alto hasta que se caliente. Añade los espaguetis y el hinojo marino y mezcla para envolverlos en la salsa. Si ha quedado demasiado espesa, añade un poco del agua de cocción que has reservado. Incorpora el perejil restante y otra buena pizca de pimienta y reparte la pasta en cuatro platos.

3. Espolvorea con los copos de guindilla de Alepo restantes y sírvela con una cuña de limón.

Para 4 personas

75 ml de aceite de oliva

30 g de filetes de anchoa en aceite, escurridos y picados finos (unos 8 o 9)

1 ½ cdtas de guindilla de Alepo en copos, y un poco más para servir (o la mitad de esa cantidad de guindilla en copos normal)

1 diente de ajo, prensado

1 limón: 1 cdta de ralladura fina y 4 cuñas, para servir

20 g de perejil, picado fino

100 ml de vino blanco seco

250 g de espaguetis

250 g de hinojo marino

sal y pimienta negra

Ñoquis *alla romana*

Para 8 personas, como entrante (o para 8 niños, como plato principal)

80 g de mantequilla sin sal

1 litro de leche entera

250 g de sémola de trigo (fina o gruesa)

1 cdta de nuez moscada, rallada fina

100 g de queso parmesano, rallado fino

2 yemas de huevo

40 g de queso cheddar curado, rallado fino

sal y pimienta negra

Pocos platos encontrarás más reconfortantes que éste. Puedes servirlo tal cual, o acompañado de una ensalada verde y fresca. Es un plato familiar por excelencia: no sé de ningún niño al que no le guste, ni de ningún adulto que se resista a probarlo acompañado de una copa de vino tinto. Puedes dejarlo listo para gratinar y conservarlo en la nevera desde la víspera.

1. En una cazuela mediana, pon la mantequilla, la leche, una cucharadita de sal y una buena pizca de pimienta negra. Caliéntalo todo a fuego alegre. Cuando la mantequilla se haya fundido y la leche empiece a hervir, retira la cazuela del fuego e incorpora la sémola de trigo, la nuez moscada, el parmesano y las yemas de huevo hasta obtener una crema suave y homogénea. Vuelve a ponerla en el fuego y remueve sin parar hasta que la mezcla espese. Sigue removiendo durante 3 o 4 minutos, hasta que la masa resultante se separe de las paredes de la cazuela. Sácala del fuego y deja que se atempere durante 15 minutos. No la dejes más tiempo; de lo contrario, perderá elasticidad y se resquebrajará cuando la extiendas.

2. Cubre la superficie de trabajo con dos trozos de film transparente de unos 30 x 40 cm y vierte la mitad de la masa en cada uno. Trabájala para formar dos cilindros de unos 4 cm de ancho y 38 cm de largo cada uno y ponlos en el frigorífico durante 2 horas, por lo menos.

3. Poco antes de que haya pasado ese tiempo, precalienta el horno a 180 °C con el ventilador en marcha. Saca los dos cilindros de la nevera, desecha el film transparente y córtalos en rodajas de 1,5 cm de grosor. Disponlas en una fuente de hornear poco profunda de unos 23 x 33 cm, de modo que se solapen ligeramente. Espolvorea el queso cheddar y hornea durante 15 minutos, hasta que el queso se haya fundido.

4. Enciende el grill del horno a la máxima potencia y gratina los ñoquis a unos 10 cm de la resistencia, durante 2 o 3 minutos, hasta que se doren por arriba. Déjalos reposar 5 minutos antes de servir.

Carne

Albóndigas de cordero y feta

Para 6 personas
500 g de carne picada
  de cordero
100 g de queso feta,
  desmenuzado en trozos
  de 1 cm
2 cdas de hojas de tomillo
2 dientes de ajo prensados
10 g de perejil, picado fino
1-2 rebanadas de pan
  blanco, sin la corteza
  y hechas migas en un
  robot de cocina (45 g)
½ cdta de canela molida
1 cda de aceite de oliva
2 cdtas de melaza
  de granada (opcional)
sal y pimienta negra

Estas albóndigas son perfectas como plato principal, ya sea como relleno de una pita o acompañadas de arroz y verduras, pero también son un bocado estupendo para servir como aperitivo. Si te decantas por esta opción, haz albóndigas más pequeñas y cocínalas durante menos tiempo: 3 o 4 minutos en la sartén, luego 3 minutos más en el horno para calentarlas. En cuanto salgan de la sartén, ensártalas en brochetas individuales, pues necesitan un horneado tan breve que la madera de las brochetas no se quemará, y ya las tendrás listas para servir. La melaza de granada aporta un toque delicioso a las albóndigas con su inconfundible mezcla de dulzor y acidez, pero no te preocupes si no la encuentras, porque incluso sin ella seguirán estando para chuparse los dedos. Puedes freírlas hasta seis horas antes y calentarlas cinco minutos antes de servir. Las sobras también se pueden comer al día siguiente, ya sea a temperatura ambiente o recalentadas.

1. Precalienta el horno a 200 °C con el ventilador en marcha.

2. En un recipiente grande, pon la carne picada, el queso feta, el tomillo, el ajo, el perejil, la miga de pan, la canela, ¾ de cucharadita de sal y una buena pizca de pimienta negra. Mézclalo todo bien y forma unas dieciocho bolas (o treinta y seis, si las haces como aperitivo). Deberían tener unos 4 cm de diámetro y pesar unos 35 g cada una.

3. Pon el aceite en una sartén grande a fuego medio-alto. Cuando esté bien caliente, añade las albóndigas y fríelas durante 5 o 6 minutos, dándoles la vuelta con cuidado para que se doren de manera uniforme. Pásalas a una bandeja de hornear forrada con papel vegetal, riégalas con la melaza de granada, si la usas, y hornéalas durante 5 minutos, hasta que estén bien hechas por dentro. Sírvelas calientes.

   Fotografía en la página 202

Solomillo de ternera con ensalada de albahaca

Esta receta funciona igual de bien como un entrante de los que quitan el hipo y como una comida ligera. Todos los elementos pueden prepararse la víspera y guardarse en la nevera, pero no montes el plato hasta que estés a punto de servirlo, para evitar que las hojas de albahaca y la rúcula se pongan mustias o que el pan se reblandezca.

1. Precalienta el horno a 200 °C con el ventilador en marcha.

2. En un robot de cocina, pon la mitad de la albahaca, el ajo, 75 ml de aceite y ⅓ de cucharadita de sal. Procésalo hasta obtener un aliño espeso y reserva.

3. Sazona la ternera con ¼ de cucharadita de sal y una buena pizca de pimienta negra. En una sartén mediana, calienta una cucharada de aceite a fuego vivo. Cuando esté muy caliente, marca la ternera durante 3 o 4 minutos (si la quieres al punto), dándole la vuelta a media cocción. Retira la carne de la sartén y déjala reposar durante 10 minutos.

4. En la misma sartén, calienta a fuego vivo las tres cucharadas restantes de aceite. Cuando esté caliente, añade el pan de pita troceado y fríelo durante 2 o 3 minutos, agitando la sartén de vez en cuando, hasta que el pan esté dorado y crujiente por ambas caras. Pásalo a una bandeja con papel de cocina, espolvoréalo con una pizca de sal y reserva.

5. En una fuente de servir grande, mezcla la achicoria, la rúcula, el zumo de limón, el parmesano, el aliño de albahaca y las hojas de albahaca restantes. Reserva.

6. Cuando vayas a servir, corta el solomillo en sentido contrario a la veta, en lonchas de 0,5 cm de grosor. Sazona con una pizca de sal y añádelo a la fuente de la ensalada. Incorpora los trozos de pita, mézclalo todo con delicadeza y sírvelo enseguida.

Para 4 personas
50 g de hojas de albahaca
1 diente de ajo, prensado
135 ml de aceite de oliva
400 g de solomillo
    de ternera (2 filetes
    de 1,5 cm de grosor
    cada uno)
2 panes de pita, troceados
    toscamente en pedazos
    de 3 cm (120 g)
2 achicorias rojas, con
    las hojas separadas
    y cortadas por la mitad,
    a lo largo y en diagonal
    (160 g)
40 g de rúcula
3 cdas de zumo de limón
60 g de queso parmesano,
    en virutas
sal y pimienta negra

Siniyah de cordero

La siniyah *podría definirse como el pastel de pastor de Oriente Próximo, con una corteza de tahina haciendo las veces de puré de patata. Es un plato contundente y reconfortante que realza los sabores tanto de la crema de sésamo como del cordero estofado.*

Puedes cocinar el cordero con antelación —uno o dos días antes, si lo conservas en la nevera o lo congelas— y dejarlo a punto para añadir la salsa de tahina y llevarlo al horno. Acompáñalo con bulgur o arroz.

Para 4-6 personas

60 ml de aceite de oliva
2 cebollas pequeñas, picadas finas (250 g)
4 ramas de apio medianas, cortadas en láminas finas (250 g)
1 cdta de concentrado de tomate
1 cda de la mezcla de especias *baharat*
1 kg de carne de cordero para estofar (paletilla, pierna o cuello), cortada en trozos de 2 cm

500 g de tomates maduros, picados gruesos
1 cdta de pimentón dulce
60 g de piñones, tostados
40 g de perejil, picado
sal y pimienta negra

SALSA DE *TAHINA*
200 g de *tahina*
1 ½ cdas de zumo de limón
1 diente de ajo, prensado

1. En una cazuela de 20 cm de diámetro, calienta dos cucharadas de aceite a fuego medio. Sofríe la cebolla y el apio de 10 a 12 minutos, removiendo de vez en cuando, hasta que estén tiernos. Añade el concentrado de tomate y el *baharat*, rehoga 2 minutos más y pasa el sofrito a un bol grande. No te molestes en limpiar la cazuela.

2. Sazona la carne de cordero con ¾ de cucharadita de sal y una buena pizca de pimienta negra. En la misma cazuela de antes, calienta 1 ½ cucharaditas de aceite a fuego medio-alto. Añade un cuarto de la carne y fríela durante 3 minutos, asegurándote de que se dora por todos los lados. Pásala al bol del sofrito y repite la operación con el resto de la carne, añadiendo 1 ½ cucharaditas de aceite a la cazuela con cada nueva tanda. Pon la carne y el sofrito de nuevo en la cazuela e incorpora ⅔ del tomate, el pimentón, ½ cucharadita de sal y una buena pizca de pimienta negra. Lleva a ebullición, tapa la cazuela y cocínalo a fuego lento durante 70 minutos, hasta que la carne esté muy tierna y la salsa se haya espesado. Tal vez tengas que destapar la cazuela durante los últimos 5 o 10 minutos para que esto ocurra. Incorpora entonces los piñones, el perejil y el tomate restante y reserva.

3. 10 minutos antes de que la carne esté lista, precalienta el horno a 180 °C con el ventilador en marcha.

4. Para hacer la corteza de *tahina*, mezcla la crema de sésamo, el zumo de limón, el ajo, 160 ml de agua y ¼ de cucharadita de sal en un bol mediano. Buscamos una consistencia fluida pero espesa, como la nata para montar, así que añade un poco de agua si fuera necesario. Riega la carne de cordero con esta salsa, tapa la cazuela y hornéala durante 20 minutos, hasta que la salsa haya cuajado. Destapa la cazuela y continúa con el horneado 20 minutos más para que la corteza de *tahina* se dore.

5. Retira el pastel del horno y déjalo reposar 5 minutos antes de servir.

Cordero a la parrilla
con almendras y azahar

Para 6 personas

6 dientes de ajo,
    prensados

5 limones: 1 cda
    de ralladura fina
    y 150 ml de zumo

3 cdas de hojas de tomillo

180 ml de aceite de oliva

1 kg de cuello de cordero
    cortado en filetes (unos
    8)

170 g de almendras con
    piel

1 cda de miel

½ cdta de agua de azahar

3 pimientos rojos,
    cortados en cuartos, sin
    semillas (370 g)

20 g de hojas de menta,
    picadas finas

sal y pimienta negra

Este plato es maravilloso para invitar a los amigos, porque te permite hacer buena parte del trabajo por adelantado. La víspera puedes marcar la carne, asar los pimientos y preparar la salsa (pero no añadas la menta hasta el último momento, para que no pierda color). Guárdalo todo en la nevera y, cuando vayas a servir, acaba de hacer la carne en el horno e incorpora la menta a la salsa.

Si marcas la carne la víspera, asegúrate de sacarla de la nevera una hora antes de acabar de cocinarla, pues conviene que esté a temperatura ambiente. Ten en cuenta que en ese caso necesitará más tiempo de horneado, 15 minutos en lugar de 3 o 4.

En verano suelo preparar esta receta en la barbacoa, pero aquí encontrarás las instrucciones para hacerlo en los fogones de la cocina. También tiendo a hacer más almendras de la cuenta para poder añadírselas a cualquier cosa. Quedan especialmente bien con coliflor y pimientos asados.

1. En un recipiente grande, mezcla el ajo, dos cucharaditas de ralladura de limón, 90 ml de zumo, todo el tomillo, 90 ml de aceite de oliva, 1 ½ cucharaditas de sal y una buena pizca de pimienta negra. Añade el cordero, mézclalo bien y pon a marinar en la nevera durante por lo menos 2 horas (o toda la noche).

2. En un cazo o sartén pequeña, calienta dos cucharadas de aceite de oliva y añade las almendras. Fríelas durante 3 o 4 minutos, removiendo sin parar, hasta que se hayan dorado por ambos lados. Retíralas del fuego y deja que se enfríen. Trocéalas y pásalas a un bol (puedes desechar el aceite). Mezcla bien las almendras con la cucharadita restante de ralladura de limón, los otros 60 ml de zumo de limón, la miel, el agua de azahar, ½ cucharadita de sal, una buena pizca de pimienta negra y tres cucharadas de aceite. Resérvalas hasta que vayas a servir.

3. Precalienta el horno a 220 °C con el ventilador en marcha.

4. Calienta una plancha de hierro fundido a fuego vivo
y asegúrate de que la cocina esté bien ventilada. Sazona los
pimientos rojos con la cucharada de aceite de oliva restante
y ¼ de cucharadita de sal y ponlos en la plancha. Ásalos durante
unos 10 minutos, dándoles la vuelta a media cocción, hasta que
queden chamuscados por ambos lados.

5. Pon los filetes de cordero en la plancha al rojo vivo (no
deseches la marinada) y deja que se hagan durante unos
4 minutos, dándoles la vuelta a media cocción para que se doren
por ambos lados. Si vas a servir el cordero enseguida, pásalo a una
bandeja de hornear junto con los pimientos y ásalos durante 3 o
4 minutos si lo quieres al punto o unos minutos más si te gusta la
carne muy hecha. Llegados a este punto, si has guardado el cordero
en la nevera después de marcarlo y lo tienes a temperatura
ambiente, necesitará 15 minutos en el horno. Pero ten en cuenta
que los tiempos siempre dependerán del grosor de los filetes.
Cuando el cordero esté hecho, sácalo del horno, cubre la bandeja
con papel de aluminio y déjalo reposar de 5 a 10 minutos.

6. Mientras, pon la marinada en un cazo pequeño y llévala
a ebullición. Retírala del fuego y reserva.

7. Cuando vayas a servir, corta el cordero en lonchas de 1 cm
de grosor y disponlas en una fuente junto con los pimientos rojos.
Riégalos con la marinada, añade la menta recién picada a la salsa
de almendras y vierte un poco sobre la carne. Sirve el resto de
la salsa en un cuenco aparte.

Pastel de cordero con salsa de *tahina* y tomate

Este pastel puede servirse de dos maneras: o bien recién salido del horno, como parte de un plato principal, o bien una vez que se haya templado y acabado de asentar, cortado en porciones gruesas. Puedes conservarlo en la nevera hasta dos días. Las porciones pueden usarse para rellenar un sándwich o un pan de pita tibio regado con salsa de tahina y tomate rallado. Lo hagas como lo hagas, es una receta perfecta para disfrutarla en familia.

Un pastel, para 6-8 personas

1 calabacín, picado grueso (160 g)

1 zanahoria, picada gruesa (100 g)

1 cebolla grande, picada gruesa (180 g)

3 tomates: 1 picado grueso, 2 pelados y rallados (180 g)

500 g de carne picada de cordero (debe contener por lo menos 20 % de grasa)

4 dientes de ajo, prensados

80 g de queso pecorino, rallado fino

50 g de pan recién rallado (2 rebanadas)

2 huevos grandes

2 cdas de concentrado de tomate

2 cdtas de comino en polvo

2 cdtas de pimienta de Jamaica

100 g de *tahina*

1 cda de zumo de limón

sal

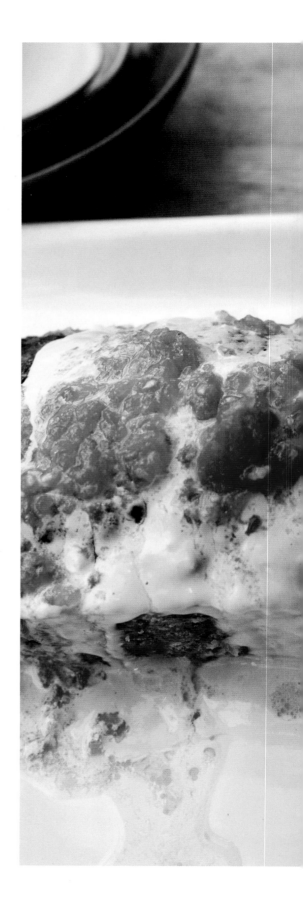

1. Precalienta el horno a 190 °C con el ventilador en marcha y engrasa un molde rectangular de 20 x 10 cm con un poco de aceite.

2. Pon el calabacín, la zanahoria, la cebolla y el tomate picado en el robot de cocina y procesa hasta obtener una pasta de consistencia similar a la de la carne picada. Pásala a un colador, ponlo sobre un bol y exprime para eliminar todo el líquido posible. En un recipiente grande, mezcla la pasta de verduras con la carne picada, dos dientes de ajo, todo el pecorino, el pan rallado, los huevos, el concentrado de tomate, las especias y una cucharadita de sal. Integra bien todos los ingredientes y vierte la masa resultante en el molde rectangular.

3. Pon el molde dentro de una fuente de hornear con los bordes altos. Con cuidado, vierte suficiente agua en la fuente para que cubra la mitad de altura del molde rectangular. Hornea durante una hora y 10 minutos, hasta que la parte superior del pastel se haya dorado.

4. Mientras el pastel está en el horno, prepara la salsa de *tahina*. En un bol mediano, mezcla la crema de sésamo, los dientes de ajo restantes, el zumo de limón y ¼ de cucharadita de sal. Incorpora poco a poco 70 ml de agua, removiendo hasta obtener una salsa densa y cremosa. Resérvala hasta que vayas a servir.

5. Cuando el pastel esté hecho, retira el molde rectangular del baño maría y deja que se enfríe durante 10 minutos. Escurre el líquido y el exceso de grasa que pueda haber quedado en el molde. Usando una espátula ancha, pasa el pastel a una fuente de servir. Riégalo con ⅓ de la salsa de *tahina* y luego con ⅓ del tomate rallado.

6. Sirve el pastel todavía caliente, acompañado de la salsa de *tahina* y el tomate rallado que te hayan sobrado, o bien deja que se atempere y córtalo en porciones para rellenar pitas.

Arayes de cordero
con *tahina* y zumaque

8 *arayes, para 4 personas*

8 tortillas de trigo o maíz
   (20 cm de diámetro)

60 ml de aceite de oliva,
   y 2 cdtas más para
   untar

1 cda de zumaque

RELLENO

500 g de carne picada
   de cordero

½ cebolla pequeña, rallada
   gruesa (60 g)

2 tomates, pelados
   y rallados gruesos
   (140 g)

1 cdta de pimienta
   de Jamaica

90 g de *tahina*

2 dientes de ajo,
   prensados

2 cdtas de melaza
   de granada

20 g de menta, picada fina

80 g de queso cheddar
   curado, rallado grueso

sal

Los arayes *son panes planos rellenos de cordero, muy populares a lo largo y ancho de Oriente Próximo. Tradicionalmente se preparan con pita, pero para esta receta he utilizado tortillas de trigo. Los* arayes *son un plato ideal para almorzar o para servir como aperitivo, con unas verduritas picadas o un poco de yogur aderezado con zumaque. Son rápidos y fáciles de preparar, pero, si quieres agilizar aún más las cosas en la cocina, puedes preparar el relleno la víspera y conservarlo en la nevera. Si lo haces así, sólo tendrás que rellenarlos y freírlos. Desde aquí doy las gracias a Sami Tamimi por aportar estos* arayes *(y muchas otras delicias) al banquete.*

1. En un bol grande, mezcla todos los ingredientes del relleno (salvo el queso) con una cucharadita de sal. Cogiendo las tortillas de una en una, vierte unos 100 g de relleno sobre la mitad de la tortilla, dejando un reborde de 0,5 cm. Esparce sobre la carne 10 g de queso rallado y luego dobla la tortilla sobre sí misma para formar un semicírculo. Presiona con delicadeza, para que la carne se reparta y el relleno tenga un grosor de 1 o 1,5 cm. Repite la operación hasta acabar las tortillas, el relleno y el queso.

2. Pon una cucharada de aceite en una sartén antiadherente grande a fuego medio. Cuando esté caliente, añade dos de las tortillas cerradas y fríelas suavemente durante 2 o 3 minutos. Dales la vuelta y fríelas durante 2 o 3 minutos más, hasta que estén doradas por ambos lados y la carne hecha. Pásalas a una fuente, sazónalas con una pizca de sal y resérvalas. Usando papel de cocina, seca los jugos que haya podido soltar el relleno y repite con las tortillas y el aceite restantes.

3. Mezcla las dos cucharadas de aceite con el zumaque. Pinta ligeramente la cara superior de los *arayes* y sírvelos calientes o a temperatura ambiente.

Paletilla de cordero asada a fuego lento con menta y comino

He aquí un plato digno de un festín, servido con unas alubias blancas —ligeramente trituradas y mezcladas con los jugos de cocción del cordero— y una sencilla ensalada verde. Si puedes, deja el cordero marinándose en la nevera desde la víspera para que la carne se impregne bien de todos los sabores. Si tenías pensado comerlo el mismo día, con marinarlo 4 o 5 horas hay suficiente, aunque tendrás que madrugar, porque a ese tiempo habrá que añadir 6 horas y 30 minutos de horneado. Si prefieres adelantarte, también puedes preparar el cordero el día anterior y conservarlo en la nevera. Así lo tendrás a punto para deshilacharlo y calentarlo en sus propios jugos.

1. En el robot de cocina, mezcla la ralladura y el zumo de limón, el ajo, las especias, las hierbas aromáticas, el aceite, 1 ½ cucharaditas de sal y una buena pizca de pimienta. Procésalo hasta obtener una pasta grumosa y reserva.

2. Pon la paletilla de cordero en un recipiente grande y, usando un cuchillo pequeño y afilado, pínchala por ambos lados, haciendo unas treinta incisiones. Frota la carne con la pasta anterior, masajeándola con los dedos para impregnarla bien. Tápala con film transparente y refrigérala durante por lo menos 4 horas (o de un día para el otro, si puedes), para que la carne se impregne bien de los sabores.

3. Precalienta el horno a 170 °C con el ventilador en marcha.

4. Pon la carne con la pasta de especias en una fuente de hornear grande (unos 30 x 40 cm) y con los bordes altos. Añade 500 ml de agua y cubre la fuente con papel de aluminio, sellando bien los bordes. Hornea durante una hora. Transcurrido ese tiempo, baja la temperatura a 160 °C (con el ventilador en marcha) y añade el apionabo, la zanahoria y las cabezas de ajo (con la parte del corte hacia arriba). Sigue horneando 5 horas más, regando la carne y las verduras tres o cuatro veces y volviendo a sellar los bordes de la fuente con el papel de aluminio cada vez que lo hagas. Retira el papel de aluminio y hornea 30 minutos más, hasta que el cordero esté dorado y tierno y las verduras se hayan caramelizado.

Para 4-6 personas
2 limones: 1 cda
   de ralladura fina
   y 4 cdas de zumo
6 dientes de ajo,
   prensados
1 cda de pimentón dulce
½ cdta de semillas
   de fenogreco,
   ligeramente majadas
2 cdtas de comino molido
25 g de hojas de menta
15 g de cilantro
3 cdas de aceite de oliva
1 paletilla de cordero
   grande, con el hueso
   (2 kg)
1 apionabo, pelado
   y cortado en cuñas
   de 3 cm de ancho
   (850 g)
5 zanahorias grandes,
   peladas y cortadas
   por la mitad a lo ancho
   (600 g)
2 cabezas de ajo, cortadas
   por la mitad a lo ancho
sal y pimienta negra

Pastelitos de cordero y pistacho con salsa de yogur y zumaque

Estos pastelitos son maravillosos como aperitivo o como parte de un almuerzo o cena informales. Sin embargo, si quieres convertirlos en una comida más sustanciosa, no tienes más que servirlos con hojas de rúcula aliñadas con aceite de oliva, zumo de limón y virutas de parmesano. La salsa de yogur puede hacerse la víspera. Los pastelitos crudos se conservan en la nevera durante un día, pero también puedes prepararlos hasta 6 horas antes de servirlos y calentarlos 5 minutos antes de llevarlos a la mesa. Al día siguiente estarán estupendos, ya sea a temperatura ambiente o recalentados.

1. Mezcla todos los ingredientes de la salsa de zumaque y guárdala en la nevera hasta que la necesites.

2. Para hacer los pastelitos, pon los pistachos en el robot de cocina y procésalos durante unos segundos, para picarlos en trozos no demasiado pequeños. Pásalos a un bol mediano. Pon la rúcula en el robot de cocina, tritúrala unos segundos (deben quedar trozos grandes) y añádela al recipiente de los pistachos. Procesa la cebolla y el ajo hasta obtener una pasta suave y añádela al bol, junto con la carne picada, una cucharada de aceite, ¾ de cucharadita de sal y una buena pizca de pimienta. Mézclalo todo bien para integrar los ingredientes y, con las manos mojadas, amasa hasta formar unos veinte pastelitos. Deberían tener unos 5 cm de ancho, 2 cm de grosor y pesar unos 40 g cada uno.

3. Pon una cucharada de aceite en una sartén antiadherente a fuego medio. Cuando esté caliente, añade los pastelitos —tantos como quepan holgadamente en la sartén— y fríelos durante 7 minutos, dándoles la vuelta a media cocción, hasta que queden dorados y apenas hechos por dentro. Reserva los pastelitos, procurando que no se enfríen, mientras fríes las otras tandas. Si lo necesitas, añade otra cucharada de aceite a la sartén. Cuando estén todos hechos, apila los pastelitos en una fuente grande y sírvelos acompañados de la salsa de yogur y zumaque.

Unos 20 pastelitos, para 4 personas como plato principal, para 6 como aperitivo

60 g de pistachos pelados
25 g de hojas de rúcula
1 cebolla, cortada en cuartos (150 g)
1 diente de ajo grande, pelado
500 g de carne picada de cordero
unas 3 cdas de aceite de oliva
sal y pimienta negra

SALSA DE YOGUR Y ZUMAQUE

250 g de yogur tipo griego
1 cda de zumaque
1 cda de aceite de oliva
1 cda de zumo de limón

Pastel de pastor especiado con corteza de alubias blancas

Para 6 personas
90 ml de aceite de oliva
3 dientes de ajo, prensados
3 chalotas, cortadas en juliana fina (180 g)
600 g de carne picada de cordero
2 cdtas de semillas de comino
1 cda de pimienta de Jamaica
2 limones: 2 cdtas de ralladura fina
3 cdas de concentrado de tomate
3 cdas de *harissa* de rosas (o un 50 % más o menos, según la variedad; véase la pág. 301) (45 g)
100 g de orejones, cortados en cuartos
280 ml de caldo de pollo
220 ml de vino blanco
80 g de aceitunas verdes deshuesadas, cortadas por la mitad a lo largo
670 g de alubias blancas cocidas (3 botes de 400 g, escurridos, o bien 400 g de alubias crudas, remojadas y cocidas)
4 cdas de *tahina*
sal y pimienta negra

Si la siniyah *(véanse las págs. 206-207) es un pastel de carne al gusto de Oriente Próximo, éste lo es al gusto magrebí, con puré de alubias blancas en vez de puré de patata. Estamos ante un plato contundente, reconfortante y sustancioso, por lo que no necesita más acompañamiento que una ensalada verde o unas zanahorias asadas. Puedes prepararlo dos días antes, dejando el horneado para el último momento. Si lo asas recién sacado de la nevera, dale 5 o 10 minutos más de horno. También puedes congelarlo, sin el puré de alubias, durante un mes.*

1. En una cazuela grande de base gruesa y provista de tapa, calienta 3 cdas de aceite a fuego medio-alto. Añade el ajo y la chalota y sofríelos 5 minutos, removiendo a menudo, hasta que se doren y estén tiernos. Sube el fuego y añade el cordero, el comino, la pimienta de Jamaica, la mitad de la ralladura de limón y ½ cdta de sal. Saltéalo 5 minutos, hasta que la carne se dore, y añade el concentrado de tomate, la *harissa* y los orejones. Sigue cocinando 2 minutos más y añade el caldo y el vino. Baja el fuego, tapa la cazuela y deja que cueza suavemente 30 minutos. Pasado ese tiempo, retira la cazuela del fuego, deja que el contenido se atempere y añade las aceitunas. Pasa la mezcla a una fuente de hornear de 20 x 25 cm con los bordes altos y refrigérala por lo menos media hora para que el pastel cuaje y se asiente.

2. Precalienta el horno a 180 °C con el ventilador en marcha.

3. Para el puré, mezcla las alubias blancas en un bol con la ralladura de limón restante, 2 cdas de aceite de oliva, la *tahina*, 3 cdas de agua, ¾ de cdta de sal y una pizca de pimienta negra. Usa el dorso de un tenedor o un prensador de patata para triturar las alubias someramente; no queremos una crema suave y homogénea, sino un puré grumoso. Esparce el puré por encima del cordero y usa el dorso de una cuchara para hacer unos huecos en la superficie. Riégalo con la cucharada restante de aceite y hornéalo 30 minutos, hasta que se dore y empiece a burbujear. Déjalo reposar 10 minutos antes de servir.

Pollo asado al estilo de Arnold con relleno de alcaravea y arándanos rojos

Arnold Rogow es un amigo de Ixta Belfrage, que se encargó de probar muchas de las recetas de este libro junto con Esme. Ixta tiene la costumbre de ceder todo el mérito a los demás, incluida la inspiración que hay detrás de este plato, pero no me cabe duda de que Arnold lo llamaría «pollo asado al estilo de Ixta». Puedes preparar el relleno y dejar el pollo listo la víspera. Guárdalo en la nevera y deja que se atempere antes de asarlo.

1. Para hacer el adobo, funde 30 g de mantequilla y mezcla con una cucharada de semillas de alcaravea, 2 dientes de ajo, el azúcar y ½ cucharadita de sal. Pon el pollo en un bol grande, frótalo con el adobo y resérvalo.

2. Precalienta el horno a 190 °C con el ventilador en marcha.

3. Para hacer el relleno, calienta los 40 g de mantequilla restantes a fuego medio-alto en una cazuela grande antiadherente. Añade las dos cucharaditas restantes de semillas de alcaravea y saltéalas 2 minutos, hasta que liberen su aroma. Añade los cinco dientes de ajo restantes, el apio, la cebolla, los arándanos rojos, las castañas y una cucharadita de sal. Sofríelos durante 12 o 13 minutos, removiendo a menudo, hasta que se doren y estén tiernos. Vierte la mezcla en un bol mediano e incorpora el pan, el perejil y el caldo.

4. Pon el pollo en una fuente de hornear pequeña. Salpimienta generosamente y rellena con la mezcla anterior. Si te sobra relleno, ponlo en una fuente refractaria y métela en el horno media hora antes de que el pollo esté listo.

5. Asa el pollo entre 70 y 75 minutos, regándolo con sus propios jugos cada 20 minutos, aproximadamente, hasta que la piel esté tostada y crujiente y, al insertar un cuchillo en la parte más gruesa del muslo, no se vea ni rastro de sangre. Sácalo del horno y deja que repose 10 minutos antes de servir.

Para 4 personas
70 g de mantequilla sin sal
5 cdtas de semillas de alcaravea, tostadas y ligeramente majadas
7 dientes de ajo, prensados
1 cda de azúcar moreno
1 pollo entero (cerca de 1,4 kg)
3-4 pencas de apio grandes, cortadas en dados de 1 cm (300 g)
1 cebolla, cortada en dados de 1 cm (140 g)
100 g de arándanos rojos deshidratados
100 g de castañas cocidas y peladas, picadas gruesas
4-5 rebanadas de pan rústico, mezcla de trigo y centeno, sin la corteza, ligeramente tostadas y desmenuzadas en trozos de 2 cm (100 g)
15 g de perejil, picado grueso
120 ml de caldo de pollo
sal y pimienta negra

Albóndigas de ternera con limón y apionabo

Para 4 personas

400 g de carne picada
de ternera

1 cebolla mediana, picada
fina (140 g)

120 g de pan desmigado
(4 rebanadas de pan
blanco sin corteza)

20 g de perejil picado,
y un poco más para
servir

1 huevo grande, batido

¾ de cdta de pimienta
de Jamaica

2 cdas de aceite de oliva

1 apionabo pequeño,
pelado, cortado en
cuartos y luego
en cuñas de 1 cm
de grosor (400 g)

3 dientes de ajo prensados

½ cdta de cúrcuma molida

1 ½ cdtas de semillas
de hinojo, ligeramente
majadas

1 cdta de pimentón dulce
ahumado

500 ml de caldo de pollo

3 ½ cdas de zumo
de limón

sal y pimienta negra

Suelo decir que mis platos preferidos son aquellos que resultan reconfortantes, sorprendentes y deliciosos a la vez. Como suele pasar con las albóndigas, esta receta reúne todas esas cualidades. Al encanto de una comida casera se añade el toque delicioso e inesperado del limón y el apionabo. Estas albóndigas son perfectas tal cual, sobre un lecho de cuscús o de arroz para aprovechar la salsa, o con una salsa de yogur griego servida aparte. Puedes prepararlas la víspera y conservarlas en la nevera. Recaliéntalas antes de servir.

1. En un bol grande, mezcla la carne picada, la cebolla, el pan desmigado, el perejil, el huevo, la pimienta de Jamaica, ½ cucharadita de sal y una pizca de pimienta negra. Usando las manos, integra bien todos los ingredientes y luego amasa hasta obtener unas veinte albóndigas. Deben pesar unos 40 g cada una.

2. En una cazuela grande provista de tapa, calienta el aceite a fuego vivo. Marca las albóndigas durante unos 5 minutos, dorándolas uniformemente. Pásalas a una fuente aparte. Añade a la cazuela el apionabo, el ajo y el resto de las especias. Saltéalo a fuego alto durante 2 minutos, removiendo, hasta que el ajo haya adquirido color y las especias hayan liberado su aroma. Vuelve a poner las albóndigas en la cazuela y añade el caldo, el zumo de limón, ½ cucharadita de sal y una pizca de pimienta negra. Llévalo a ebullición, tapa la cazuela y déjalo cocer a fuego lento durante 30 minutos. Destápalo y continúa la cocción durante unos 10 minutos más, para reducir la salsa.

3. Retira la cazuela del fuego y deja que repose de 5 a 10 minutos. Espolvorea por encima perejil y sirve.

Fotografía en las páginas 222-223

Albóndigas de ricotta y orégano

El hecho de usar queso ricotta hace que estas albóndigas sean muy ligeras y esponjosas. Puedes preparar todo el plato la víspera, guardarlo en la nevera y recalentarlo antes de servir.

Para 4 personas

60 ml de aceite de oliva

2 cebollas grandes, picadas (330 g)

4 dientes de ajo, prensados

20 g de hojas de orégano picadas, y un poco más para servir

1 bote de 400 g de pulpa de tomate

500 ml de caldo de pollo

500 g de carne picada de ternera

100 g de pan desmigado (3-4 rebanadas de pan blanco sin corteza)

250 g de ricotta

60 g de queso parmesano, rallado

1 huevo grande, batido

20 g de perejil, picado

sal y pimienta negra

1. Primero prepara la salsa de tomate. En una cazuela, calienta dos cucharadas de aceite a fuego medio-alto. Añade la mitad de la cebolla, del ajo y del orégano y sofríe entre 8 y 10 minutos, removiendo hasta que la cebolla esté tierna sin que llegue a dorarse. Añade el tomate, la mitad del caldo, ½ cucharadita de sal y una pizca de pimienta negra. Baja a fuego medio y deja que hierva durante 10 o 15 minutos, removiendo de vez en cuando, para que la salsa se reduzca.

2. Mientras, haz las albóndigas. En un recipiente grande, mezcla el resto de la cebolla, el ajo y el orégano con la carne picada, el pan desmigado, el queso ricotta, el parmesano, el huevo, el perejil, ¾ de cucharadita de sal y una pizca de pimienta negra. Usando las manos, amasa y forma de 12 a 14 bolas.

3. En una sartén grande, calienta una cucharada de aceite y añade las albóndigas (tendrás que hacerlo en dos tandas, incorporando otra cucharada de aceite para la segunda). Marca las albóndigas durante 8 minutos, dándoles la vuelta para que se doren de manera uniforme, y resérvalas en una fuente aparte.

4. Incorpora las albóndigas a la salsa con delicadeza y añade suficiente caldo para que queden casi sumergidas. Si fuera necesario, completa con un poco de agua. Llévalo suavemente a ebullición y deja que cueza a fuego lento, con la cazuela tapada, durante 30 minutos. Para reducir la salsa —debería tener la consistencia de una salsa para pasta— destapa la cazuela hacia el final de la cocción y sube un poco el fuego. Retírala y deja que repose al menos 10 minutos. Espolvorea por encima orégano y sirve.

Fotografía en la página 223

Solomillo de ternera con *harissa* y salsa de pimiento y limón

He aquí un plato ideal para invitar a los amigos, si te gusta saber que lo tienes todo hecho mucho antes de que empiecen a llegar. La salsa de pimiento puede prepararse la víspera. También puedes dejar la carne en adobo durante todo un día y marcarla con antelación. Guárdalo todo por separado en la nevera y deja que se atempere antes de servir o cocinar los ingredientes y podrás llevar la comida a la mesa quince minutos después de haber encendido el fuego. A este plato le van que ni pintadas unas patatas «fritas» al horno con orégano y feta (véase la pág. 138), así como una buena ensalada.

Para 4 personas

2 solomillos de ternera grandes, limpios (600 g)

1 ½ cdas de *harissa* de rosas (o un 50 % más o menos, según la variedad; véase la pág. 301) (23 g)

2 pimientos rojos o amarillos grandes (400 g)

2 cdas de aceite de oliva

1 diente de ajo prensado

1 lata de 400 g de pulpa de tomate

½ cdta de guindilla en copos

¼ de cdta de pimentón dulce

1 limón en conserva pequeño, sin semillas, la pulpa y la piel picadas gruesas (25 g)

10 g de perejil, picado grueso, y un poco más para servir

1 limón, cortado en cuartos, para servir

sal marina en escamas y pimienta negra

1. Pon los solomillos en un bol y añade la *harissa*, ½ cucharadita de sal en escamas y una buena pizca de pimienta negra. Frota la carne con la *harissa* y déjala en adobo durante una hora, por lo menos (o guárdala en la nevera si vas a tenerla en adobo toda la noche). Si la refrigeras, saca la carne de la nevera con suficiente antelación para que se atempere antes de cocinarla.

2. Para preparar la salsa, precalienta el grill del horno a la máxima potencia y asa los pimientos durante 20 o 25 minutos, dándoles la vuelta dos veces, hasta que queden chamuscados de manera uniforme. Pásalos a un bol, tápalos con film transparente y, cuando estén lo bastante fríos para manipularlos, pélalos y córtalos en tiras largas y delgadas. Desecha la piel y las semillas.

3. En una sartén mediana, calienta el aceite a fuego medio. Añade el ajo, saltéalo cerca de un minuto y a continuación añade la pulpa de tomate, los copos de guindilla, el pimentón, ½ cucharadita de sal en escamas y una pizca de pimienta negra. Llévalo a ebullición y deja que cueza a fuego lento durante 7 minutos. Añade el pimiento cortado en tiras, el limón en conserva y el perejil. Prolonga la cocción durante 7 minutos más, o hasta que la salsa se haya reducido sin que llegue a perder fluidez. Resérvala para que se atempere.

4. Pon una sartén a fuego vivo y, cuando esté muy caliente, marca los solomillos durante 4 o 5 minutos, dándoles la vuelta a media cocción, hasta que se doren por las dos caras. Retira de la sartén, sazona con una buena pizca de sal en escamas y deja que reposen 10 minutos.

5. Sirve la carne tibia o a temperatura ambiente, cortada en lonchas de 1 cm de grosor, riégala con la salsa o sirve esta última aparte. Decora el plato con perejil y acompáñalo con una cuña de limón.

Pollo asado con limón en conserva

No soy el primero en combinar la carne de pollo con ajo y limón, y seguro que no seré el último, pero de vez en cuando viene bien recordar que los clásicos lo son por algo. Asar un pollo es el paradigma de la simplicidad culinaria: es fácil, rápido, llena la casa de un aroma delicioso y a todo el mundo le encanta el resultado. Si quieres, puedes preparar el pollo 4 o 5 horas antes y dejarlo a punto para meterlo en el horno.

I. Precalienta el horno a 190 °C con el ventilador en marcha.

2. En el robot de cocina, mezcla la mantequilla, el tomillo, el ajo, el limón en conserva, la ralladura de limón, ¼ de cucharadita de sal y una buena pizca de pimienta. Procesa hasta obtener una pasta.

3. Con las patas del pollo vueltas hacia ti, usa los dedos para levantar la piel de las pechugas y esparce la mayor parte de la pasta en el espacio que queda entre la piel y la carne. Frota las patas con la restante.

4. Pon el pollo en una bandeja refractaria y profunda de tamaño mediano, riégalo con el zumo de limón y adereza con ½ cucharadita de sal y abundante pimienta. Hornéalo durante unos 70 minutos, regándolo con sus jugos cada 20 minutos, más o menos, hasta que la piel esté dorada y crujiente y, al insertar un cuchillo pequeño en la carne, no se vea ni rastro de sangre.

5. Retíralo del horno y deja que repose 10 minutos antes de servir.

Para 4 personas
70 g de mantequilla sin sal a temperatura ambiente
3 cdas de hojas de tomillo
3 dientes de ajo, prensados
I limón en conserva pequeño, sin semillas, la pulpa y la piel picadas gruesas (30 g)
I limón: la ralladura fina y I ½ cdas de zumo, para regar
I pollo de corral mediano, entero (1,5 kg)
sal y pimienta negra

Pollo Marbella

Ésta es una de las recetas que preparo habitualmente para mis amigos. Todo el trabajo se hace de antemano —puedes poner el pollo a marinar dos días antes en la nevera— y cuando te convenga sólo tienes que meterlo en una bandeja y al horno. El pollo agradece la maceración prolongada, pero también puedes cocinarlo enseguida si andas justo de tiempo. Si lo haces así, salpimienta el pollo frotando bien la piel antes de incorporar el resto de los ingredientes de la marinada (en tal caso, prescinde de la sal) y hornea según indica la receta. A mí me gusta usar los muslos del pollo, pero hay quien prefiere las pechugas con el hueso, que también quedan deliciosas. Aprovecho para dar las gracias a Julee Rosso y Sheila Lukins, autoras de The Silver Palate, *cuya receta de pollo Marbella sirvió de inspiración para ésta.*

I. Pon el pollo en una fuente grande de acero inoxidable o cristal y añade todos los ingredientes de la marinada salvo el vino y la melaza de dátiles, así como una cucharadita de sal y una buena pizca de pimienta negra. Mézclalo todo con delicadeza, cubre la fuente y deja macerar en la nevera durante uno o dos días, removiendo de vez en cuando.

2. Precalienta el horno a 180 °C con el ventilador en marcha.

3. En una bandeja refractaria mediana y profunda, dispón los muslos de pollo junto con los demás ingredientes de la marinada. Mezcla el vino con la melaza de dátiles y viértelo sobre la carne. Hornea el pollo durante 50 minutos, regando dos o tres veces durante la cocción, hasta que esté dorado por arriba y bien hecho por dentro.

4. Sácalo del horno, pásalo todo a una fuente grande, esparce por encima un puñado de hojas de orégano y sirve.

---

*Para 4 personas
(raciones generosas)*

8 muslos de pollo
con hueso, piel
y 3 o 4 cortes
transversales (2 kg)

5 dientes de ajo,
prensados

15 g de hojas de orégano
fresco, y un poco más
para servir

3 cdas de vinagre de vino
tinto

3 cdas de aceite de oliva

100 g de aceitunas verdes
deshuesadas

60 g de alcaparras,
y 2 cdas de la salmuera

120 g de dátiles
de Medjool,
deshuesados y cortados
en cuartos a lo largo

2 hojas de laurel

120 ml de vino blanco
seco

1 cda de melaza de dátiles
(o miel de caña)

sal y pimienta negra

Pollo con miso, jengibre y lima

Para 6 personas
8 muslos de pollo, con el
    hueso y unos cortes
    transversales en la piel
    (1,4 kg)
2 cdas de aceite de girasol
2 ½ cdas de *mirin*
2 ½ cdas de sirope
    de arce
2 ½ cdas de salsa de soja
80 g de miso blanco
1 trozo de jengibre
    de 4 cm, pelado
    y rallado fino (30 g)
3 dientes de ajo,
    prensados
la peladura fina y el zumo
    de 1 lima
40 g de tallos de cilantro,
    cortados en segmentos
    de 6 cm
2 guindillas rojas, cortadas
    por la mitad a lo largo
    y sin semillas (salvo
    que te guste mucho
    el picante)
10 cebolletas: 8 cortadas
    por la mitad a lo largo
    y 2 en juliana fina, para
    servir (120 g)
sal

Este plato resulta igual de apetitoso recién salido del horno —acompañado de un arroz japonés o basmati— o servido a temperatura ambiente. Si quieres adelantarte y lo cocinas la víspera, consérvalo en la nevera y sácalo media hora antes de servir para que se atempere.

1. Precalienta el horno a 200 °C con el ventilador en marcha.

2. Pon los muslos de pollo en un bol grande y mezcla con el aceite y ¾ de cucharadita de sal. Resérvalos.

3. Pon una sartén grande a fuego medio-alto y, cuando esté bien caliente, añade la mitad de los muslos de pollo con la piel hacia abajo y márcalos durante 4 o 5 minutos, hasta que se doren. Dales la vuelta, deja que se hagan durante 4 o 5 minutos más y retíralos de la sartén. Repite la operación con el resto de los muslos, desechando la grasa a medida que los cocinas, y resérvalos.

4. En un bol grande, mezcla el *mirin*, el sirope de arce, la salsa de soja, el miso, el jengibre, el ajo y la peladura y el zumo de lima. Añade el pollo y mézclalo todo para que la carne se impregne bien de los sabores de la marinada. Cubre el fondo de una bandeja refractaria profunda (de unos 24 x 36 cm) con los tallos de cilantro, la guindilla y las 8 cebolletas cortadas por la mitad. Reparte los muslos de pollo por encima con la piel vuelta hacia arriba. Cubre la fuente con papel de aluminio, sellando bien los bordes, y hornéalo durante 20 minutos. Destápalo, dale la vuelta al pollo y hornea 30 minutos más, con la fuente destapada, dando la vuelta a los muslos de pollo a media cocción (de tal modo que queden con la piel hacia arriba) y regándolos un par de veces con los jugos. El pollo debería quedar dorado, pegajoso y tierno, mientras que la guindilla y las cebolletas quedarán caramelizadas.

5. A la hora de servir, pon un muslo de pollo en cada plato y rodéalo con el cilantro, las guindillas y las cebolletas asadas. Por último, riégalo con la salsa y reparte por encima las cebolletas crudas cortadas en juliana.

     Fotografía en la página 232

Carne de cerdo con jengibre, cebolleta y berenjena

Ésta es una de mis recetas preferidas para preparar una comida rápida. Corta todos los ingredientes que acompañan el cerdo antes de encender el fuego. Una vez que empieces, tendrás que ir salteándolos uno tras otro y removiendo constantemente, y no querrás el estrés añadido de tener que picarlos con prisas. Puedes hacer el cerdo la víspera y conservarlo en la nevera. Caliéntalo antes de servir y acompáñalo con arroz blanco o fideos orientales.

1. En un bol grande, mezcla la berenjena con 1 ½ cucharaditas de sal, pásala a una vaporera de bambú (o un colador encajado encima de una olla grande) y resérvala.

2. Cubre el fondo de una olla con 3 cm de agua. Lleva a ebullición y luego coloca la vaporera (o el colador) sobre la olla. Tápala o séllala bien con papel de aluminio para impedir que el vapor se escape. Deja que hierva a fuego medio-alto durante 12 minutos. Retírala del fuego y reserva.

3. Mientras, calienta la mitad del aceite de cacahuete en una cazuela grande a fuego vivo. Añade la cebolleta, el jengibre, el ajo y la guindilla y saltéalos durante 5 minutos, removiendo a menudo, hasta que el ajo empiece a dorarse. Ponlo en un bol y resérvalo. Vierte el resto del aceite en la cazuela y saltea la carne de cerdo durante 3 minutos, removiendo para desmenuzarla. Incorpora el *mirin*, las dos salsas de soja, el aceite de sésamo, el vinagre de arroz y ½ cucharadita de sal. Deja que cueza durante 2 minutos y vuelve a poner la cebolleta en la cazuela. Continúa la cocción un minuto más y retira la cazuela del fuego (debería quedar bastante líquido). Añade 10 g de cilantro y los cacahuetes. Sirve la carne con la berenjena, las semillas de sésamo y el cilantro restante.

Para 4 personas

3 berenjenas, cortadas en dados de 3 cm (950 g)
60 ml de aceite de cacahuete
2-3 manojos de cebolletas, cortadas al bies en juliana gruesa (unos 3 cm) (250 g)
1 trozo de jengibre de 7 cm, pelado y cortado en juliana (60 g)
4 dientes de ajo, pelados y cortados en láminas finas
1 guindilla verde, cortada en juliana fina, con las semillas
500 g de carne picada de cerdo
3 cdas de *mirin*
2 cdas de salsa de soja oscura (evita la salsa de soja *premium*, pues tiene un sabor demasiado dominante para este plato)
2 cdas de salsa de soja dulce (*keçap manis*)
1 cdta de aceite de sésamo
1 ½ cdas de vinagre de arroz
15 g de cilantro, picado grueso
60 g de cacahuetes tostados y salados
1 cda de semillas de sésamo, tostadas
sal

Pollo rebozado con semillas

Si no puedes dejar de comer este plato tan sencillo —cosa bastante probable—, haz más cantidad de la mezcla de semillas y pan rallado. Se conserva bien en un recipiente hermético durante casi un mes y resulta muy útil tenerla a mano, porque sirve para rebozar tanto tiras de pollo como filetes de pescado blanco o bastones de calabaza.

1. Pon las tiras de pollo, de una en una, entre dos trozos de film transparente y prénsalas suavemente con un rodillo de cocina hasta que tengan cerca de 1 cm de grosor.

2. En un bol mediano, mezcla la harina, ¼ de cucharadita de sal y una pizca de pimienta negra.

3. Pon los huevos en un segundo bol.

4. En un tercer recipiente, mezcla el *panko*, todas las semillas, la cúrcuma, la pimienta de cayena y ¾ de cucharadita de sal.

5. Pasa una tira de pollo por la harina y sacude con cuidado el exceso. Luego báñala en el huevo batido y por último en la mezcla de *panko* y semillas hasta que quede bien rebozada. Repite la operación con las demás tiras.

6. Cubre el fondo de una sartén grande con ½ cm de aceite y ponla a fuego medio. Cuando esté caliente, añade el pollo por tandas y fríelo durante 5 o 6 minutos, dándole la vuelta a media fritura, hasta que quede bien hecho por dentro y dorado por ambos lados. Pasa el pollo rebozado a una fuente con papel de cocina mientras fríes el resto y sírvelo caliente, acompañado de unas cuñas de limón.

Para 4 personas

4 pechugas de pollo sin
  piel, cortadas cada una
  en 3 tiras largas (600 g)
50 g de harina de trigo
2 huevos, ligeramente
  batidos
80 g de *panko*
60 g de semillas
  de sésamo blanco
25 g de semillas
  de sésamo negro
  (o extrablanco, en su
  defecto)
40 g de semillas de girasol,
  picadas gruesas
1 ½ cdas de semillas
  de cilantro, picadas
  gruesas
1 cdta de cúrcuma molida
½ cdta de pimienta
  de cayena
100 ml de aceite
  de girasol, para freír
1 limón, cortado en
  cuartos, para servir
sal y pimienta negra

Pastel de pollo con corteza crujiente de maíz

Para 6 personas

3 cdas de aceite de oliva

3 cebollas rojas, cortadas
en juliana fina (500 g)

2 dientes de ajo,
prensados

3 cdas de *harissa* de rosas
(o un 50 % más
o menos, según la
variedad; véase
la pág. 301) (60 g)

2 cdtas de pimentón dulce
ahumado

850 g de muslos de pollo,
deshuesados y sin piel
(9-10 muslos)

200 ml de concentrado
de tomate

5 tomates grandes,
cortados en cuartos
(400 g)

200 g de pimientos rojos
en conserva, escurridos
y cortados en rodajas
de 2 cm

15 g de chocolate negro
(70 % de cacao)

20 g de cilantro, picado
grueso

sal y pimienta negra

*He aquí un plato maravilloso para un día otoñal, acompañado
de una buena ensalada verde. El pollo asado a fuego lento es una
bomba de sabor, mientras que la corteza —sin gluten, sustanciosa
y crujiente— supone una alternativa más ligera al puré de patata.*

*Si quieres adelantarte, prepara el pollo de antemano; se conserva
hasta tres días en la nevera, y puedes congelarlo durante un mes.
Eso sí, deberás descongelarlo antes de meterlo en el horno, así que
añade ese tiempo a la preparación. La masa de la corteza de maíz
tiene que hacerse al momento y verterse sobre el pollo justo antes
de hornear. También puedes hornearlo con unas horas de antelación.
En ese caso, simplemente caliéntalo durante 10 minutos, tapado
con papel de aluminio, antes de servir. A mí me encanta la mezcla
de pollo y maíz, pero esta receta también funciona bien sin la corteza,
sirviendo el pollo sobre un lecho de arroz blanco, envuelto en un
burrito o como relleno de unas patatas asadas.*

1. En una cazuela grande provista de tapa, calienta el aceite
a fuego medio-alto. Sofríe las cebollas durante 8 o 9 minutos,
removiendo de vez en cuando, hasta que estén tiernas
y caramelizadas. Baja un poco el fuego y añade el ajo, la *harissa*,
el pimentón, el pollo, una cucharadita de sal y una buena pizca
de pimienta. Rehógalo durante 5 minutos, removiendo a menudo,
y luego añade el concentrado de tomate y los tomates cortados
en cuartos. Vierte 350 ml de agua, llévala a ebullición y deja que
cueza a fuego medio con la cazuela tapada durante 30 minutos,
removiendo de vez en cuando.

2. Añade los pimientos y el chocolate y prolonga la cocción 35 o
40 minutos más, con la cazuela destapada, removiendo a menudo
hasta que la salsa se haya reducido y el pollo se deshaga. Retírala
del fuego e incorpora el cilantro. Si vas a servir el pollo tal cual

(como un guiso, sin la corteza de maíz), ya lo tienes listo para llevarlo a la mesa (o congelarlo, una vez que se haya enfriado). Si vas a preparar el pastel con su corteza, pon el guiso de pollo en una fuente refractaria de cerámica de unos 20 x 30 cm, con los bordes altos, y resérvalo.

3. Precalienta el horno a 180 °C con el ventilador en marcha.

4. En un vaso batidor, pon la mantequilla, el maíz, la leche, las yemas de huevo y ¾ de cucharadita de sal. Procésalo durante unos segundos, hasta obtener una pasta grumosa, y pásala a un recipiente grande. Pon las claras de huevo en un bol aparte y bate a punto de nieve. Incorpora con delicadeza las claras montadas a la masa de maíz, sin trabajarlas demasiado, y esparce la mezcla sobre el guiso de pollo.

5. Hornéalo durante 35 minutos, hasta que la corteza quede dorada. Vigílala de cerca pasados 25 minutos para asegurarte de que no se quema. Tal vez tengas que cubrirla con papel de aluminio durante los últimos 10 minutos. Retira el pastel del horno y déjalo reposar 10 minutos antes de servir.

CORTEZA DE MAÍZ

70 g de mantequilla sin sal, fundida

500 g de maíz en grano, fresco o congelado (4 mazorcas grandes, si lo usas fresco)

3 cdas de leche entera

3 huevos, las yemas separadas de las claras

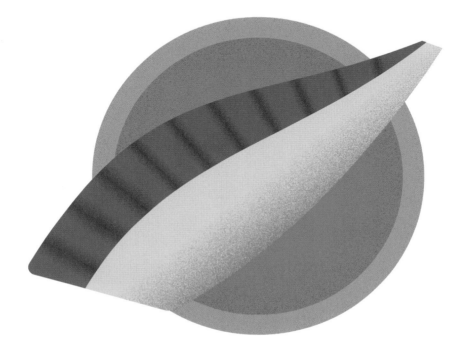

Pescado

Tartar de trucha con mantequilla caramelizada y pistachos

El secreto de un buen tartar es la calidad y frescura de sus ingredientes. La trucha tiene que estar recién pescada, los pistachos deben ser de la mejor calidad —pruébalos siempre para comprobarlo— y la sal en escamas. Si quieres tirar la casa por la ventana y encuentras pistachos verdes en bastoncitos, no te prives. Su forma alargada es muy elegante y su intenso color verde le va que ni pintado a este plato, pero unos pistachos normales picados gruesos también quedarán estupendos. Esta receta es tan fácil de hacer como espectacular es el resultado.

1. Pon la chalota en un bol pequeño con dos cucharadas de zumo de limón, el azúcar, ½ cucharadita de sal en escamas y una buena pizca de pimienta. Usando los dedos, frota la chalota con el azúcar y la sal para que se impregne bien y resérvala.

2. En un recipiente aparte, mezcla la trucha con el aceite, la ralladura de limón, las dos cucharaditas restantes de zumo de limón, 1 ½ cucharaditas de sal en escamas y una buena pizca de pimienta. Remueve y deja que repose 30 minutos como mucho, pues de lo contrario el pescado se reblandecería.

3. Antes de servir, mezcla la mantequilla y las semillas de comino en un cazo pequeño y calienta a fuego medio. Funde la mantequilla suavemente durante unos 5 minutos, agitando el cazo de vez en cuando hasta que empiece a espumear, tome un color tostado y huela a frutos secos, señal de que estará caramelizada.

4. Reparte la trucha en cuatro platos y corónala con la chalota (desecha el líquido sobrante). Reparte por encima los pistachos y el estragón y riégala con la mantequilla caramelizada. Termina con una pizca de sal en escamas y sírvela.

Para 4 personas, como entrante

1 chalota, cortada en rodajas muy finas (1-2 mm) (30 g)

2 limones: 2 cdtas de ralladura fina y 40 ml de zumo

½ cdta de azúcar extrafino

4 filetes de trucha asalmonada fresca, sin piel ni espinas, cortados en trozos de 1,5 cm (360 g)

1 cdta de aceite de oliva

25 g de mantequilla sin sal

½ cdta de semillas de comino

20 g de pistachos verdes en bastoncitos (o normales, picados gruesos), ligeramente tostados

5 g de hojas de estragón, picadas finas

sal marina en escamas y pimienta negra

Caballa con pistachos y cardamomo

Esta receta es un entrante espectacular y facilísimo, aunque nadie lo diría. También funciona muy bien como plato principal, servido con un arroz con hierbas aromáticas.

Para 4 personas como entrante, para 2 como plato principal

8 vainas de cardamomo (o ½ cucharadita de cardamomo molido)

4 filetes de caballa, con la piel y sin las espinas (260 g)

1 trozo de jengibre de 3 cm, pelado (25 g)

30 g de nata para montar

30 g de nata agria

15 g de cilantro, picado fino

10 g de hojas de albahaca, picadas finas

25 g de pistachos pelados, ligeramente tostados y troceados gruesos

2 limas: 1 cdta de ralladura, 1 cda de zumo, 4 cuñas para servir

1 guindilla verde, sin semillas y picada fina

50 ml de aceite de girasol

sal

1. Usando la hoja de un cuchillo grande, aplasta las vainas de cardamomo para extraer las semillas. Pásalas a un mortero y májalas bien. Deberías obtener cerca de ½ cucharadita de cardamomo molido. Puedes desechar las vainas. Si usas cardamomo molido, sáltate este paso.

2. Mezcla una pizca de cardamomo (cerca de ⅛ de cucharadita) y una pizca de sal. Frota el pescado por ambos lados con esta mezcla y resérvalo hasta que vayas a freírlo.

3. Ralla el jengibre fino y luego exprime la pulpa en un colador colocado sobre un bol. Deberías obtener una cucharadita de zumo. Desecha la pulpa exprimida y reserva el zumo.

4. Usando un tenedor (o unas varillas pequeñas), bate la nata hasta montarla. Con una espátula, incorpora la nata agria, el zumo de jengibre y una pizca de sal para obtener una crema suave. Guárdala en la nevera hasta el momento de servir.

5. Mezcla las hierbas aromáticas, los pistachos, el resto del cardamomo, la ralladura y el zumo de lima, la guindilla, 20 ml de aceite y ⅛ de cucharadita de sal. Resérvalo.

6. Cuando vayas a servir, pon las dos cucharadas restantes de aceite en una sartén grande a fuego vivo. Cuando esté muy caliente, añade los filetes de caballa con la piel vuelta hacia abajo (deberían chisporrotear al entrar en contacto con la sartén) y fríelos durante 2 minutos. Presiona los filetes con una espátula mientras se hacen para impedir que la piel se abarquille. Cuando esté dorada y crujiente, da la vuelta a los filetes y fríelos otro minuto, hasta que se doren.

7. Reparte los filetes de caballa en cuatro platos individuales. Vierte un cuarto de la crema de jengibre y otro tanto de la picada de pistachos y cardamomo en cada plato, arropando los filetes de caballa, y sírvelos calientes con una cuña de lima.

Salmón a la plancha con piñones de Bridget Jones

Para 4 personas
(¡o la mitad de la receta
para una segunda cita!)
100 g de pasas de Corinto
4 filetes de salmón, con la
   piel y sin espinas (500 g)
100 ml de aceite de oliva
4 pencas de apio, cortadas
   en dados de 1 cm
   (180 g); reserva las
   hojas para emplatar
30 g de piñones, picados
   gruesos
40 g de alcaparras y 2 cdas
   de la salmuera
40 g de aceitunas verdes
   grandes, deshuesadas
   y cortadas en dados
   de 1 cm (unas 8)
1 buena pizca de azafrán
   en hebras (¼ de cdta),
   infusionado en 1 cda
   de agua caliente
20 g de perejil, picado
   grueso
1 limón: 1 cdta
   de ralladura fina
   y 1 cdta de zumo
sal y pimienta negra

Éste es el plato que el personaje de Patrick Dempsey dice que le habría llevado a Bridget Jones, interpretada por Renée Zellweger, en su imaginaria segunda cita en la película Bridget Jones's Baby. *«De Ottolenghi —precisa Dempsey en esa escena—, ¡delicioso y sano a la vez!» ¡Además de chupado, podríamos añadir! Lo que en su día tal vez sonó como publicidad encubierta no lo era en absoluto. De hecho, ese plato ni siquiera existía en nuestra carta, así que esta receta es una especie de homenaje.*

1. Sumerge las pasas de Corinto en agua hirviendo y déjalas en remojo durante 20 minutos mientras preparas el salmón y haces la picada.

2. Mezcla el salmón con dos cucharaditas de aceite, ⅓ de cucharadita de sal y una buena pizca de pimienta. Resérvalo mientras haces la picada.

3. En una cazuela grande, calienta 75 ml de aceite a fuego vivo. Añade el apio y los piñones y saltéalos durante 4 o 5 minutos, removiendo a menudo, hasta que los piñones empiecen a tostarse (no les quites ojo, pues se queman fácilmente). Retira la cazuela del fuego e incorpora las alcaparras y la salmuera, las aceitunas, el azafrán con el agua de la infusión y una pizca de sal. Escurre las pasas y añádelas a la mezcla, junto con el perejil, la ralladura y el zumo de limón. Resérvalo.

4. En una sartén grande, pon la cucharada de aceite restante a fuego medio-alto. Cuando esté caliente, marca los filetes de salmón durante 3 minutos con la piel vuelta hacia abajo hasta que quede crujiente. Baja el fuego a medio, da la vuelta a los filetes y hazlos de 2 a 4 minutos más (según el punto de cocción deseado). Sácalos de la sartén y resérvalos.

5. Dispón el salmón en cuatro platos y riégalo con la salsa. Si has reservado unas hojas de apio, repártelas por encima.

Trucha asada con tomate, naranja y bayas de agracejo

*He aquí uno de esos platos lo bastante sencillos
y rápidos para prepararlos entre semana, pero
también lo bastante resultones para agasajar a tus
invitados y hacer que se sientan especiales. Además,
es muy fácil duplicar o triplicar esta receta, lo que
siempre viene bien. Si quieres adelantarte, prepara
los tomates la víspera y guárdalos en la nevera hasta
el momento de servir. Este plato no necesita más
acompañamiento que un bol de arroz o una ensalada
de patata.*

Para 2 personas

150 g de tomates cherry,
  cortados en cuartos

1 naranja: 1 cdta
  de ralladura fina
  y 1 cda de zumo

2 limas: 1 cda de zumo
  de una; la otra cortada en
  cuñas para servir

1 ½ cdtas de sirope de arce
  (o miel)

1 ½ cdas de bayas de
  agracejo (o pasas
  de Corinto remojadas en
  1 cda de zumo de limón)

1 cdta de semillas de hinojo,
  ligeramente tostadas
  y majadas

1 cda de aceite de oliva

70 g de mantequilla sin sal

1 diente de ajo pequeño,
  prensado

2 truchas enteras,
  evisceradas y escamadas
  (pídele al pescadero que
  lo haga) (700 g)

10 g de hojas de cilantro,
  picadas finas

sal y pimienta negra

1. Precalienta el horno a 230 °C con el ventilador en marcha.

2. En un bol mediano, mezcla los tomates, la ralladura y el zumo de naranja, el zumo de lima, el sirope de arce, las bayas de agracejo, las semillas de hinojo, el aceite, ⅛ de cucharadita de sal y una buena pizca de pimienta. Resérvalo.

3. En un cazo pequeño, calienta la mantequilla con el ajo a fuego medio, hasta que se funda pero sin que empiece a tomar color. Dispón las truchas en una fuente de hornear mediana, bien espaciadas entre sí. Sazónalas por ambos lados y por dentro con ¼ de cucharadita de sal. Riégalas con la mantequilla fundida, asegurándote de bañar las truchas por ambos lados y por dentro. Hornéalas durante 18 o 20 minutos, regándolas una sola vez con los jugos, hasta que estén apenas hechas.

4. Pon las truchas en la fuente de hornear o en platos individuales y riégalas con los jugos de la cocción. Incorpora el cilantro a los tomates y espárcelos por encima del pescado. Sirve la trucha con unas cuñas de lima.

Bacalao con salsa de tomate picante y *tahina*

Para 4 personas

800 g de bacalao desalado
(o cualquier pescado
blanco de carne firme),
sin espinas

60 ml de aceite de oliva

1-2 guindillas rojas,
cortadas a lo ancho en
segmentos de 2 cm,
desechada la mayor
parte de las semillas

3 dientes de ajo, cortados
en láminas finas

1 cdta de semillas
de alcaravea y ¼ de cdta
más para servir

1 pimiento choricero,
despuntado, sin semillas,
cortado en trozos
de 5 cm (en su defecto,
1 cdta de pimentón dulce
ahumado)

1 kg de tomates maduros,
cortados en dados
de 1 cm

2 cdas de concentrado
de tomate

½ cdta de azúcar extrafino

5 g de hojas de cilantro,
picadas gruesas, para
servir

sal

SALSA DE *TAHINA*

50 g de *tahina*

1 cda de zumo de limón

Hay pocas recetas en este libro que no salgan ganando con un chorrito de salsa de tahina. En este caso, además, permite equilibrar el sabor picante de la salsa de tomate y aporta un toque cremoso que se agradece.

Yo suelo hacer el doble de salsa de tomate y guardar lo que sobra en la nevera durante una semana, o un mes en el congelador. Eso te permitirá preparar este plato dos veces con la mitad del esfuerzo, o bien usar la salsa para animar un pollo a la plancha o unas verduras asadas. También puedes preparar la salsa de tahina con tres días de antelación y conservarla en la nevera.

1. Sazona el pescado con ⅓ de cucharadita de sal y resérvalo.

2. Pon el aceite en una cazuela grande provista de tapa a fuego medio-alto. Cuando esté caliente, añade la guindilla y saltéala 2 minutos, removiendo a menudo. Añade el ajo, las semillas de alcaravea y el pimiento choricero y sigue salteándolo todo durante un minuto, hasta que el ajo empiece a tostarse. Añade los tomates, el concentrado de tomate, el azúcar y ½ cucharadita de sal. Llévalo a ebullición, baja el fuego y deja que cueza durante 15 minutos, removiendo de vez en cuando, hasta que la salsa se haya espesado. Añade el pescado, tapa la cazuela y prolonga la cocción durante 10 minutos más.

3. Para preparar la salsa de *tahina*, mezcla la crema de sésamo y el zumo de limón con 60 ml de agua y ⅛ de cucharadita de sal.

4. Cuando vayas a servir, saca el pescado de la cazuela con cuidado y resérvalo en un lugar templado. Si ha soltado mucho líquido durante la cocción y ha aguado la salsa, vuelve a llevarla a ebullición y deja que cueza hasta que se reduzca. Prueba de sal y rectifica, si fuera necesario.

5. Dispón el pescado en una fuente de servir. Riégalo con la salsa, esparce por encima el cilantro y sírvelo.

Palitos de pescado rebozados en coco

Para 4 personas

500 g de merluza u otro pescado blanco de piel firme, sin piel ni espinas, cortado en unos 12 trozos de 3 x 10 cm

2 cdas de zumo de lima

60 ml de leche de coco

200 g de pulpa fresca de coco (de 1 coco mediano), rallada gruesa (o 150 g de coco seco rallado)

20 g de *panko*

1 cdta de guindilla en copos

60 g de mantequilla sin sal, fundida

1 lima, cortada en 4 cuñas, para servir

sal

Esta receta le da una buena vuelta de tuerca a los palitos de pescado tradicionales pensando sobre todo en los más pequeños, que adoran esta alternativa. Los copos de guindilla no son demasiado picantes, pero puedes reducir la cantidad indicada o eliminarlos por completo de la lista de ingredientes si lo consideras conveniente. Aprovecho para agradecer a Jamie Kirkaldy por darle a Esme la idea de hacer estos palitos.

1. En un bol, mezcla el pescado con el zumo de lima, la leche de coco y ¼ de cucharadita de sal y ponlo a marinar en la nevera durante una hora (pero no lo dejes mucho más tiempo, pues de lo contrario el pescado empezará a deshacerse). Escurre el pescado, desechando tanta leche de coco como te sea posible, y resérvalo.

2. Calienta una sartén grande a fuego medio-alto y añade el coco. Tuéstalo durante 6 o 7 minutos (o sólo 2 o 3 minutos, si usas coco deshidratado), removiendo de vez en cuando hasta que se dore. Pásalo a un recipiente mediano poco profundo y, cuando se haya atemperado, incorpora el *panko*, los copos de guindilla y ½ cucharadita de sal.

3. Cuando vayas a hacer el pescado, enciende el grill del horno a 250 °C.

4. Baña los trozos de pescado de uno en uno en la mantequilla fundida y pásalos por la mezcla de coco, asegurándote de que quedan bien rebozados por todos los lados. Ponlos en una rejilla colocada sobre una bandeja de horno grande forrada con papel vegetal.

5. Gratina los palitos de pescado —deja un espacio de 20 cm entre la resistencia del horno y el pescado para evitar que se queme— durante 5 o 6 minutos, dándoles la vuelta con cuidado a media cocción, hasta que estén bien hechos por dentro y dorados por fuera. Si el pescado sigue un poco crudo pero el rebozado empieza a tostarse, apaga el grill y déjalo en el horno durante 2 o 3 minutos para que acabe de hacerse con el calor residual.

Tacos de pescado con mango, lima y yogur al comino

12 tacos, para 4 personas
450 g de platija u otro
 pescado blanco, sin piel
 ni espinas, cortado en
 trozos de 2-3 cm
1 diente de ajo, prensado
1 huevo grande
1 ½ cdtas de semillas
 de comino, tostadas
 y majadas
4 limas: ralla finamente
 la piel de las 4 y luego
 córtalas en cuñas, para
 servir
20 g de hojas de cilantro,
 picadas finas
120 g de yogur tipo griego
½ cebolla roja, cortada
 en juliana fina (40 g)
⅓ de mango, pelado
 y cortado en juliana
 (100 g)
1 guindilla roja, sin semillas
 y cortada en juliana
 (10 g)
3 cdas de aceite vegetal
12 tortillas de harina
 de maíz o trigo, de
 15 cm de diámetro,
 calentadas
sal

Los tacos son una forma fácil y divertida de invitar a comer a los amigos. Puedes dejarlo todo listo de antemano —tanto la masa de los pastelitos de pescado como la salsa de yogur y la juliana de cebolla y mango pueden hacerse la víspera y guardarse por separado en la nevera— y no tendrás más que encender el fuego cinco minutos antes de que todos se sienten a la mesa, freír los pastelitos de pescado y calentar los tacos. Si sobran, al día siguiente bastará con recalentarlos. Esta receta también funciona de maravilla sin los tacos, para un menú más formal.

1. En un robot de cocina, pon el pescado, el ajo y el huevo con una cucharadita de semillas de comino, ¾ de la ralladura de lima y ¾ de cucharadita de sal. Tritura brevemente, lo justo para obtener una pasta gruesa, y pásala a un bol mediano. Añade la mitad del cilantro, mezcla bien y forma doce pastelitos redondos de unos 45 g cada uno. Mételos en la nevera por lo menos 15 minutos (o hasta el día siguiente), para que la masa gane consistencia.

2. En un bol pequeño, mezcla el yogur, la ½ cucharadita restante de semillas de comino, la ralladura de lima que te ha sobrado y ⅛ de cucharadita de sal. Resérvalo.

3. En otro cuenco pequeño, mezcla la cebolla, el mango y la guindilla, y resérvalo.

4. Pon el aceite en una sartén grande antiadherente a fuego medio-alto. Cuando esté bien caliente, fríe los pastelitos de pescado durante 2 o 3 minutos por cada lado, hasta que estén dorados por fuera y bien hechos por dentro. Pásalos a una fuente con papel de cocina.

5. Sirve los tacos tibios, rellenos con un pastelito de pescado cortado por la mitad, una cucharada de yogur y otra de juliana de mango. Por último, espolvoréalo con el cilantro restante y riégalo con un chorrito de lima.

Pastelitos de pescado ahumado y chirivía

Estos pastelitos me encantan para un brunch, *coronados con un huevo escalfado, pero están deliciosos a cualquier hora del día. Si los comes para almorzar o cenar, prueba a servirlos con una salsa de nata agria y rábano picante rallado. He calculado dos pastelitos por comensal, pero algunas personas sólo comen uno, sobre todo si lo hacen por la mañana y lo rematan con un huevo. Puedes preparar los pastelitos la víspera y guardarlos en la nevera hasta el momento de freírlos.*

1. Precalienta el horno a 190 °C con el ventilador en marcha.

2. Mezcla las chirivías con tres cucharadas de aceite y ¼ de cucharadita de sal. Pásalas a una fuente de horno grande forrada con papel vegetal y hornéalas durante 30 minutos, hasta que estén tiernas y doradas. Ponlas en el robot de cocina y tritúralas hasta obtener un puré grumoso. Si quedara demasiado seco, añade una o dos cucharadas de agua y procesa de nuevo. Pasa el puré a un bol grande y resérvalo.

3. Pon el pescado en el robot de cocina (no te molestes en limpiarlo), procesa a impulsos intermitentes —no queremos reducirlo a un puré, sino más bien picarlo someramente— y añade la masa resultante al bol de las chirivías junto con el eneldo, el cebollino, el ajo, la ralladura de limón, los huevos, una cucharadita de sal y una buena pizca de pimienta negra. Mézclalo bien y forma doce pastelitos de unos 8 cm de diámetro y 2 o 3 cm de grosor. Llegados a este punto, puedes tapar los pastelitos y guardarlos en la nevera hasta que vayas a cocinarlos (no más de 24 horas).

4. En una sartén grande, calienta la mitad de la mantequilla y la mitad del aceite restante a fuego medio-alto. Cuando la mantequilla empiece a espumear, añade la mitad de los pastelitos y fríelos durante 8 minutos, dándoles la vuelta a media cocción, hasta que queden dorados y crujientes por fuera. Mantenlos calientes mientras fríes la otra tanda de pastelitos y sírvelos con las cuñas de limón.

12 pastelitos,
para 6 personas
8 chirivías, peladas
   y cortadas en trozos
   de 4 cm (600 g)
120 ml de aceite de oliva
560 g de filetes de bacalao
   o abadejo ahumado, sin
   piel ni espinas, cortados
   en trozos de 4 cm
20 g de eneldo, picado
   grueso
20 g de cebollino, picado
   grueso
2 dientes de ajo,
   prensados
2 limones: 2 cdtas
   de ralladura fina de uno
   y el otro cortado en
   cuñas, para servir
2 huevos grandes,
   ligeramente batidos
40 g de mantequilla sin sal
sal y pimienta negra

Ensalada de langostinos a la plancha, maíz y tomate

Para 4 personas como entrante, para 2 como plato principal

440 g de langostinos tigre con piel, pelados pero dejando la cola intacta, eviscerados (o langostinos tigre ya pelados) (240 g)

1 cdta de aceite de oliva

1 cebolla roja pequeña, cortada en cuñas de 1,5 cm de grosor (120 g)

100 g de maíz en grano congelado, previamente descongelado

250 g de tomates cherry

1 cda de hojas de mejorana (u orégano)

sal

VINAGRETA

1 trozo de jengibre de 2 cm, pelado y picado fino (15 g)

1 cdas de *sriracha* (salsa de guindilla)

1 ½ cdas de aceite de oliva

1 lima: 1 cdtas de ralladura fina y 1 ½ cdas de zumo

¼ de cdta de azúcar extrafino

Pelar los langostinos en crudo puede ser una tarea complicada, así que si lo prefieres usa langostinos pelados (frescos o congelados, previamente descongelados). No te quedarán las colas intactas, que siempre resultan muy vistosas, pero por lo demás son una alternativa perfecta. Si quieres ahorrar tiempo, puedes preparar la vinagreta hasta dos días antes de servir la ensalada.

1. Mezcla todos los ingredientes de la vinagreta junto con ⅛ de cucharadita de sal y resérvala.

2. Calienta una plancha de hierro fundido a fuego vivo y asegúrate de que la cocina está bien ventilada. Mientras la plancha se calienta, mezcla los langostinos con el aceite y ⅛ de cucharadita de sal y resérvalos. Pon la cebolla en la plancha 5 minutos, dándole la vuelta de vez en cuando hasta que quede tostada y tierna pero con un punto crujiente. Pasa la cebolla a un bol grande y pon el maíz en la plancha. Ásalo 2 minutos, hasta que quede chamuscado por fuera, y añádelo a la cebolla.

3. Repite la operación con los tomates, asándolos 3 minutos y dándoles la vuelta para que se chamusquen de manera uniforme. Añádelos al bol de la cebolla y el maíz. Ahora pon los langostinos en la plancha y ásalos durante 4 minutos, dándoles la vuelta a media cocción, hasta que queden chamuscados por fuera y hechos por dentro. Mézclalos con las verduras, añade la mejorana y riégalos con la vinagreta. Remueve con delicadeza para integrar todos los ingredientes y sirve la ensalada.

Calamares estofados con pimiento rojo

Ésta es una de esas recetas en las que mezclas todos los ingredientes en un mismo recipiente y dejas que cuezan a fuego lento durante media hora mientras te dedicas a otra cosa. Uno o dos días después de haberlos hecho, estos calamares estarán igual de deliciosos, mientras los guardes en la nevera y los recalientes antes de servir. Acompáñalos con arroz blanco o cuscús, o tan sólo con un poco de pan rústico para rebañar la salsa, y una ensalada verde. Pídele al pescadero que te limpie los calamares si no quieres hacerlo tú mismo, aunque también se venden ya limpios y congelados.

1. En una cazuela grande provista de tapa, calienta el aceite a fuego medio-alto. Añade la cebolla y el pimiento rojo, junto con ⅓ de cucharadita de sal, y sofríelos durante 5 minutos, removiendo de vez en cuando. Añade el ajo, las semillas de alcaravea, la pimienta de Jamaica y una buena pizca de pimienta negra. Sigue rehogando 5 minutos más, hasta que todo esté tierno y caramelizado.

2. Añade el calamar, rehógalo durante 5 minutos y luego incorpora el concentrado de tomate, las hojas de laurel y el tomillo. Deja que se haga 2 o 3 minutos más y luego vierte el vino. Baja el fuego, tapa la cazuela y deja que cueza a fuego lento durante unos 30 minutos, removiendo de vez en cuando, hasta que el calamar esté tierno. Si la salsa se reduce demasiado hacia el final de la cocción, añade una o dos cucharadas de agua a la cazuela. Justo antes de servir, espolvorea con la ralladura de naranja, si has decidido usarla, y remueve con delicadeza.

Para 2 personas como plato principal, para 4 como aperitivo o tapa

70 ml de aceite de oliva

1 cebolla, cortada en rodajas gruesas de 1 o 1,5 cm de grosor (160 g)

1 pimiento rojo grande, abierto por la mitad, sin semillas y cortado en tiras largas de 1 cm de ancho (150 g)

2 dientes de ajo, cortados en láminas finas

2 cdtas de semillas de alcaravea

¾ de cdta de pimienta de Jamaica molida

1 kg de calamares limpios, sin piel y cortados en tiras de 1,5 cm de ancho (500 g)

1 ½ cdas de concentrado de tomate

3 hojas de laurel

1 cda de hojas de tomillo picadas

150 ml de vino tinto

1 naranja pequeña: ¼ de cdta de ralladura fina (opcional)

sal y pimienta negra

Lubina al horno con soja y jengibre

Esta lubina bien podría ser la protagonista de un festín asiático, acompañada de un bol de arroz tailandés (véase la pág. 173) y un plato de bimi salteado con salsa de soja, ajo y cacahuetes (véase la pág. 76). Si quieres adelantarte, puedes preparar el pescado con unas horas de antelación y guardarlo en la nevera, listo para regarlo con la salsa y meterlo en el horno. Doy las gracias desde aquí a Helen Goh.

Para 4 personas

1 lubina fresca entera, de unos 45 cm de largo, escamada, eviscerada y pasada por agua (1 kg)
10 cebolletas, despuntadas (160 g)
1 repollo mediano, cortado por la mitad, sin el tallo central y con las hojas separadas de una en una (750 g)
1 trozo de jengibre de 4 cm, pelado y cortado en juliana (30 g)
1 guindilla roja, sin semillas y cortada en juliana

75 ml de aceite de cacahuete
10 g de cilantro, sólo las hojas o con su tallo si éste es tierno
sal marina en escamas

SALSA

100 ml de caldo de pollo (o de verduras)
2 cdas de aceite de sésamo
2 cdas de vino de arroz de Shaoxing (o jerez seco)
3 ½ cdas de salsa de soja clara
1 cda de azúcar extrafino

1. Precalienta el horno a 200 °C con el ventilador en marcha.

2. En un cazo pequeño, mezcla los ingredientes de la salsa y caliéntalos a fuego vivo. Cuando rompa a hervir, deja que cueza un minuto, agitando el cazo levemente con movimientos circulares para que el azúcar se disuelva. Retíralo del fuego y reserva la salsa.

3. Haz cinco cortes diagonales de 0,5 cm de profundidad y unos 8 cm de largo a ambos lados del pescado. Frota la lubina por fuera con una cucharadita de sal en escamas y sazónala por dentro con ½ cucharadita más. Corta ocho cebolletas en trozos de 5 cm y resérvalas. Corta las dos restantes en juliana fina y resérvalas aparte.

4. Reparte las hojas de repollo y los trozos más grandes de cebolleta en una fuente o bandeja grandes de hornear. Dispón la lubina por encima, en diagonal, y esparce por encima el jengibre. Báñalo todo con la salsa, cubre la fuente con papel de aluminio, sellando bien los bordes, y hornea el pescado durante 40 minutos, regándolo con los jugos dos veces durante ese tiempo hasta que esté bien hecho. Para comprobarlo, inserta un cuchillo con delicadeza en una de las incisiones: si la carne se separa fácilmente de la espina y ha perdido su tono traslúcido, es que está listo. Añade entonces la cebolleta picada en juliana fina y la guindilla y reserva.

5. En un cazo pequeño, calienta el aceite de cacahuete a fuego vivo durante 2 minutos, hasta que empiece a humear. Con mucho cuidado, viértelo sobre la lubina, cuya piel se pondrá crujiente, y también sobre las verduras de alrededor. Espolvorea el cilantro y sirve, ya sea en la misma bandeja de hornear o en una fuente distinta. Si optas por lo segundo, saca las hojas de repollo y la cebolleta de debajo del pescado, repártelas en la base de la fuente y deposita la lubina con delicadeza sobre este lecho de verduras. Riégalo con los jugos de cocción, decora con cilantro y sírvelo.

Bacalao guisado con garbanzos y *harissa* de rosas

Para 4 personas como entrante o tapa

200 g de bacalao fresco, sin
  piel ni espinas, cortado
  en trozos de 3 cm

2 ½ cdas de aceite de oliva

⅓ de cdta de comino
  molido

2 dientes de ajo, uno
  prensado y el otro
  cortado en láminas finas

½ cebolla, picada fina
  (100 g)

2 vainas de cardamomo,
  chafadas con la hoja
  de un cuchillo

1 cda de *harissa* de rosas
  (o un 50 % más o
  menos, según la variedad;
  véase la pág. 301) (15 g)

2 cdtas de concentrado
  de tomate

1 ½ limones pequeños
  en conserva: la piel
  picada fina

1 bote de 400 g
  de garbanzos cocidos,
  escurridos y enjuagados
  (240 g)

200 ml de caldo
  de verduras

5 g de cilantro, picado
  grueso

sal

He aquí un entrante o una tapa rebosante de sabor. Sírvelo con pan crujiente y verduras salteadas.

1. Mezcla el bacalao con 1 ½ cdtas de aceite de oliva, el comino, el ajo prensado y ⅛ de cucharadita de sal. Déjalo reposar 15 minutos.

2. En una cazuela grande, calienta a fuego medio-alto dos cucharadas de aceite. Sofríe la cebolla durante 4 o 5 minutos, removiendo a menudo, hasta que esté tierna y dorada. Baja el fuego a medio, añade el ajo cortado en láminas y remueve durante un minuto. Añade las vainas de cardamomo abiertas, la *harissa*, el concentrado de tomate, los limones en conserva, los garbanzos y ¼ de cucharadita de sal. Remueve durante un minuto más y luego vierte el caldo y caliéntalo durante 3 o 4 minutos, aplastando algunos de los garbanzos con el dorso de una cuchara, hasta que la salsa espese.

3. Añade el bacalao a la cazuela y deja que cueza a fuego lento durante 3 o 4 minutos, removiendo con delicadeza y dando la vuelta al pescado a media cocción, hasta que esté bien hecho y se separe en lascas. Retira y desecha las vainas de cardamomo, espolvorea con el cilantro, reparte el estofado en boles poco profundos y sírvelo.

Fotografía en las páginas 264-265

Buñuelos de langostinos y maíz

Estos buñuelos son perfectos como aperitivo o entrante, acompañados de una ensalada de aguacate y cogollos de lechuga. También son un bocado ideal para servir como canapé, si los reduces a un tercio del tamaño indicado y los fríes sólo durante un minuto por cada lado. La mezcla puede hacerse la víspera, si quieres adelantarte, y guardarse en la nevera hasta el momento de freír los buñuelos. También puedes freírlos el día antes, conservarlos en la nevera y calentarlos antes de servir.

1. Pon los langostinos y el maíz en el robot de cocina y procésalos someramente, sólo para romperlos. Añade las especias molidas, la guindilla en copos, el cilantro fresco, el huevo, la ralladura de lima y ⅓ de cucharadita de sal y pulsa unas pocas veces más, hasta que todos los ingredientes se hayan mezclado. Pásalo a un bol y reserva.

2. En una sartén mediana, calienta el aceite a fuego medio-alto. Usa dos cucharas de postre para formar seis buñuelos con la mitad de la masa (o más si vas a hacerlos como canapés). Ponlos en la sartén y aplástalos ligeramente para que tengan 2 cm de grosor. Fríelos 2 minutos por cada lado (o un minuto por cada lado si los haces más pequeños) y pásalos a un plato con papel de cocina.

3. Repite la operación con el resto de la masa y sirve los buñuelos calientes, sazonados con sal y acompañados con unas cuñas de lima.

12 buñuelos, para
6 personas como
aperitivo o entrante,
o bien 36 canapés para
12 personas
350 g de langostinos
    crudos pelados
140 g de maíz en grano
    congelado, previamente
    descongelado
¼ de cdta de comino
    molido
½ cdta de cilantro molido
½ cdta de pimentón dulce
    ahumado
¼ de cdta de guindilla en
    copos
10 g de cilantro, picado
    grueso
1 huevo grande, batido
2 limas: 2 cdtas
    de ralladura fina
    y 6 cuñas para servir
3 cdas de aceite vegetal
sal

Postres

Tarta de queso semisalada con cerezas

En esta receta hay tres elaboraciones, lo sé, pero todas son fáciles y rápidas, y puedes dejarlas preparadas con mucha antelación, de modo que el día que vayas a servirla sólo tendrás que montar el postre de un modo bastante informal. La tarta de queso (que se conserva durante tres días) y la compota (que se conserva cinco) tienen que guardarse en la nevera, mientras que el crumble (que se mantiene en buen estado durante una semana, aproximadamente) sólo necesita un recipiente hermético a temperatura ambiente. La compota y el crumble también son ingredientes fantásticos para un desayuno, mezclados con un buen yogur griego, por si te sobran o decides hacer de más.

Para 4-6 personas

100 g de queso feta
300 g de queso crema
40 g de azúcar extrafino
1 limón pequeño: 1 cdta
   de ralladura fina
130 ml de nata para montar
2 cdas de aceite de oliva,
   para servir

CRUMBLE

100 g de avellanas peladas,
   picadas gruesas
30 g de mantequilla sin
   sal, fría de la nevera
   y cortada en dados
   de 2 cm

80 g de almendra molida
25 g de azúcar extrafino
1 cda de semillas de sésamo
   negro (o blanco)
⅛ de cdta de sal

COMPOTA DE CEREZAS

600 g de cerezas
   deshuesadas congeladas,
   previamente
   descongeladas
90 g de azúcar extrafino
4 vainas de anís estrellado
1 naranja: 4 tiras
   de peladura fina

1. Con ayuda de una espátula, trabaja el queso feta en un bol grande hasta convertirlo en una pasta lo más homogénea posible. Añade el queso crema, el azúcar y la ralladura de limón y bate con unas varillas para integrar todos los ingredientes. Vierte la nata y bate con delicadeza hasta que la mezcla esté lo bastante montada para retener la forma. Resérvala en la nevera hasta que vayas a usarla.

2. Precalienta el horno a 180 °C con el ventilador en marcha.

3. Para hacer el *crumble*, mezcla en un bol las avellanas, la mantequilla, la almendra molida y el azúcar. Usa las yemas de los dedos para envolver todos los ingredientes con la mantequilla hasta lograr la textura similar a la de la miga de pan. Incorpora las semillas de sésamo y la sal y extiende el *crumble* en una fuente refractaria. Hornéalo durante unos 12 minutos, hasta que se dore.

4. Para preparar la compota, mezcla en un cazo mediano las cerezas, el azúcar, el anís estrellado y la peladura de naranja y caliéntalo a fuego medio-alto. Llévalo a ebullición y deja que cueza a fuego lento de 10 a 15 minutos, hasta que la compota se haya espesado (pero ten en cuenta que seguirá haciéndolo al enfriarse). Resérvala para que se enfríe. Desecha el anís estrellado y la peladura de naranja.

5. Cuando vayas a servir, vierte una cucharada generosa de crema de queso en cada bol, corónala con la mitad del *crumble* y la compota. Espolvorea con un poco más de *crumble*, riégalo con el aceite de oliva y sírvelo.

Crema de vainilla con fresas y ruibarbo

Si lo encuentras, no dudes en usar ruibarbo forzado en esta receta. La cocción resalta de un modo espectacular la intensa tonalidad rosada de sus tallos esbeltos, pero el ruibarbo normal también quedará estupendo. Tanto la crema de vainilla como las fresas y el ruibarbo pueden prepararse la víspera y guardarse en la nevera hasta el momento de montar el plato. Si echas de menos un punto crujiente, sírvelo con unas galletas de mantequilla.

1. Precalienta el horno a 200 °C con el ventilador en marcha.

2. En una fuente refractaria de tamaño mediano, mezcla el ruibarbo y las fresas con el azúcar y repártelos de modo que llenen la fuente, pero sin que se amontonen. Hornéalos durante 12 o 13 minutos, hasta que las fresas y el ruibarbo se hayan confitado, pero sigan conservando su forma, y el azúcar se haya disuelto. No te preocupes si quedan pequeños terrones de azúcar que no llegan a disolverse: remueve con delicadeza y acabarán haciéndolo. Reserva la mezcla para que se enfríe.

3. Baja la temperatura del horno a 170 °C con el ventilador en marcha.

4. Para hacer la crema de vainilla, mezcla en un bol grande las yemas de huevo, la fécula de maíz, el azúcar y el extracto de vainilla hasta obtener una textura suave. Poco a poco, añade la nata para montar y bate hasta integrarla. Pasa la crema resultante a una fuente redonda y profunda de 25 cm de diámetro. Colócala dentro de una bandeja de horno y vierte agua hirviendo en esta última hasta cubrir 1 cm. Hornéala durante 25 minutos, hasta que la crema haya cuajado y empiece a tostarse por arriba. Retírala del horno, deja que se atempere y refrigérala.

5. Cuando la crema esté muy fría, vierte la mitad de las fresas y el ruibarbo confitados por encima y sirve en un recipiente aparte la fruta y el almíbar restantes.

Para 8-10 personas

200 g de ruibarbo, cortado en segmentos de 3 cm

200 g de fresas, sin las hojas y cortadas por la mitad a lo largo

90 g de azúcar extrafino

CREMA DE VAINILLA

4 yemas de huevo grandes

1 cdta de fécula de maíz

60 g de azúcar extrafino

2 cdtas de extracto de vainilla

600 ml de nata para montar

Fresas asadas con zumaque y crema de yogur

Para 6 personas
900 g de yogur tipo griego
140 g de azúcar glas
120 ml de nata para
montar
1 limón: 1 cdta
de ralladura fina
y 2 cdas de zumo
600 g de fresas maduras,
sin el rabito y cortadas
por la mitad a lo largo
1 ½ cdas de zumaque
10 g de menta, la mitad en
la rama y la otra mitad
deshojada y troceada
1 vaina de vainilla, cortada
a lo largo para raspar las
semillas
sal

Acuérdate de este postre cuando tengas unas fresas demasiado maduras con las que no sabes qué hacer. Tras pasar por el horno quedan caramelizadas y tiernas, una auténtica delicia. Todos los elementos de la receta pueden prepararse con tres días de antelación. Guárdalos en la nevera hasta el momento de montar y servir el plato, que funciona muy bien tal cual, como postre veraniego ligero, o acompañado de unas galletas de mantequilla. Aprovecho para dar las gracias a Helen Graham.

1. En un bol, mezcla el yogur con la mitad del azúcar glas y ¼ de cucharadita de sal. Pásalo a un colador forrado con una gasa (o un paño de cocina fino) y ponlo sobre un bol. Ata las cuatro puntas de la gasa con un cordel, coloca un cuenco pesado encima de este hatillo a modo de prensa y refrigéralo durante 30 minutos. Exprime tanto líquido como te sea posible, hasta que te queden unos 550 g de yogur espeso. Retíralo de la gasa —desechando el líquido, si lo hubiera— y pásalo a un bol. Incorpora la nata y la ralladura de limón y refrigéralo hasta que vayas a montar el postre.

2. Precalienta el horno a 200 °C con el ventilador en marcha.

3. Mientras, asa las fresas. Mézclalas con el zumaque, las ramitas de menta, la vaina y las semillas de vainilla, el zumo de limón, el azúcar glas restante y 80 ml de agua. Pasa la mezcla a una bandeja refractaria de unos 30 x 20 cm y hornéala durante 20 minutos, removiendo una vez a media cocción, hasta que las fresas estén tiernas y burbujeen. Deja que se atemperen fuera del horno, retíralas de la fuente y desecha la menta y la vaina de vainilla. Cuela el líquido de la cocción, vertiéndolo en una jarrita. Riega la crema de yogur con tres cucharadas de este almíbar y remueve con delicadeza para crear un efecto marmolado. Reserva tres cucharadas del almíbar para emplatar (si sobrara, puedes usarlo para rociar los cereales del desayuno).

4. Sirve la crema de yogur en boles, coronada con las fresas caramelizadas. Riégala con el almíbar de fresa y reparte por encima la menta troceada.

Friand de ciruelas, moras y laurel

S

Para 6 personas
(raciones generosas)

200 g de moras

4 ciruelas maduras,
   deshuesadas y cortadas
   en medialunas de 1 cm
   de ancho (360 g)

1 cdta de extracto
   de vainilla

60 g de azúcar extrafino

3 hojas de laurel fresco

1 cdta de canela molida

60 g de harina de trigo

200 g de azúcar glas,
   tamizado

120 g de almendra molida

⅛ de cdta de sal

150 g de claras de huevo
   (4-5 huevos grandes)

180 g de mantequilla
   sin sal, fundida
   y ligeramente templada

Los friands *son pasteles de almendra ligeros y jugosos muy populares en Australia, Nueva Zelanda y Francia. Las claras de huevo batidas y una cantidad mínima de harina los hacen ligeros y esponjosos, mientras que la almendra molida les aporta una gran jugosidad. Tradicionalmente se elaboran como pastelitos, pero aquí hemos vertido la masa en una fuente para hacer un pastel grande.*

Si quieres adelantarte, puedes preparar la masa con antelación —se conserva bien en la nevera durante un día—, pero no maceres la fruta durante tanto tiempo, porque soltaría demasiado líquido.

Sirve este postre con natillas, helado de vainilla o nata. Prueba a variar la fruta según la temporada. En los meses de verano puedes usar frambuesas y melocotones, por ejemplo.

1. En un bol, mezcla las moras y las ciruelas con el extracto de vainilla, el azúcar, las hojas de laurel y ½ cucharadita de canela molida. Déjalas reposar durante 30 minutos, pero no más tiempo, pues de lo contrario la fruta soltará demasiado líquido.

2. Precalienta el horno a 190 °C con el ventilador en marcha.

3. En un bol grande, mezcla la harina, el azúcar glas, la almendra molida, la ½ cucharadita restante de canela molida y la sal. Resérvalo.

4. Bate ligeramente las claras de huevo 30 segundos, hasta que empiecen a espumear. Incorpora la harina y la mantequilla fundida y mezcla bien.

5. Vierte la masa resultante en una fuente de hornear de 20 x 30 cm forrada con papel vegetal y esparce por encima la fruta macerada y su jugo. Hornéalo durante 40 minutos, cubriendo la fuente con papel de aluminio durante los últimos 10 minutos, hasta que la masa se haya dorado y la fruta burbujee. Sácalo del horno y déjalo reposar 10 minutos antes de servir.

Pastel de arándanos, almendras y limón

Para 8 personas

150 g de mantequilla sin
   sal, a temperatura
   ambiente, y un poco
   más para engrasar
   el molde

190 g de azúcar extrafino

2 limones: 2 cdtas
   de ralladura fina
   y 2 cdas de zumo

1 cdta de extracto
   de vainilla

3 huevos grandes, batidos

90 g de harina de trigo
   leudante, tamizada

⅛ de cdta de sal

110 g de almendra molida

200 g de arándanos

70 g de azúcar glas

Aunque hay pasteles más resultones e incluso espectaculares, nada como un humilde plum cake para reconciliarnos con el mundo. Este pastel es atemporal, fácil de preparar y se conserva bien durante tres días en un recipiente hermético a temperatura ambiente.

1. Precalienta el horno a 180 °C con el ventilador en marcha. Engrasa y forra un molde rectangular de 11 x 21 cm y resérvalo.

2. En una amasadora y usando el accesorio de pala, mezcla la mantequilla, el azúcar, la ralladura de limón, una cucharada de zumo de limón y la vainilla. Bate a toda velocidad durante 3 o 4 minutos, hasta que la mezcla haya clareado, y luego baja a velocidad media. Incorpora los huevos, de uno en uno, rebañando las paredes del bol con una espátula. Puede que la mezcla se corte un poco llegados a este punto, pero no te preocupes: volverá a ligarse. Añade la harina, la sal y la almendra en tres tandas sucesivas. Por último, incorpora a mano, con movimientos envolventes, 150 g de arándanos y vierte la masa en el molde rectangular previamente engrasado.

3. Hornéalo 15 minutos y luego esparce los 50 g de arándanos restantes por encima del pastel. Continúa el horneado durante 15 minutos más, hasta que tome un color dorado pero siga crudo por dentro. Cúbrelo con papel de aluminio sin molestarte en sellar los bordes y prolonga la cocción 25 o 30 minutos más, hasta que la masa haya subido y esté bien cocida. Compruébalo insertando un cuchillo en el centro: si sale limpio, estará lista. Retira el pastel del horno y déjalo reposar 10 minutos. Desmóldalo sobre una rejilla para que se enfríe del todo.

4. Mientras, prepara el glaseado. En un bol, mezcla la cucharada restante de zumo de limón con el azúcar glas y bate hasta obtener una textura suave y homogénea. Viértelo por encima del pastel y extiéndelo con delicadeza. Los arándanos de la superficie teñirán un poco el glaseado, pero ese toque de color le va fenomenal.

Clafoutis de higos y tomillo

Para 4 personas
90 g de azúcar mascabado
2 cdas de vino tinto
1 cda de hojas de tomillo
2 limones: 2 cdtas
   de ralladura fina
   y 1 cda de zumo
420 g de higos negros
   maduros (unos 10,
   dependiendo del
   tamaño), despuntados
   y cortados por la mitad
   a lo largo
2 huevos grandes, con
   las yemas separadas
   de las claras
50 g de harina de trigo
1 ½ cdtas de extracto
   de vainilla
100 ml de nata para
   montar
⅛ de cdta de sal
helado de vainilla o *crème
   fraîche*, para servir

Puede que te parezca mucho postre para cuatro personas, pero este clafoutis es tan ligero y esponjoso que no quedarán ni las migas. Puedes preparar los higos con dos días de antelación y conservarlos en la nevera.

1. Precalienta el horno a 170 °C con el ventilador en marcha.

2. En una cazuela refractaria pequeña (con unos 18 cm de diámetro) y de bordes altos, mezcla 50 g de azúcar y una cucharada de agua. Si no tienes una cazuela refractaria de esta medida, carameliza los higos en una sartén y pásalos luego a una fuente de hornear cuadrada de 22 cm. Calienta la cazuela a fuego medio-alto durante 3 o 4 minutos, agitándola unas pocas veces con un movimiento circular hasta que el azúcar se haya disuelto por completo y burbujee intensamente. Con cuidado, añade el vino y el tomillo y remueve sin parar durante cerca de un minuto, hasta que la mezcla se haya ligado y espesado. Retírala del fuego, incorpora el zumo de limón y los higos y deja que se atempere durante 20 minutos (o más); no queremos que estén muy calientes cuando los bañemos con la crema. Si has de pasar los higos a una fuente de hornear, hazlo ahora.

3. En un bol, pon las yemas de huevo con los 40 g restantes de azúcar, la harina, la vainilla, la nata, la ralladura de limón y la sal. Bátelas hasta que la mezcla resultante claree y se espese un poco: 2 o 3 minutos a mano, o un minuto con la batidora eléctrica. En un recipiente aparte, bate las claras a punto de nieve e incorpóralas a la masa con movimientos delicados.

4. Esparce los higos en la base de la cazuela (o de la fuente de hornear) y vierte la masa anterior por encima. Hornéala durante unos 30 minutos, hasta que haya subido y esté dorada y hecha por dentro. Saca el *clafoutis* del horno, repártelo en cuatro platos y sírvelo caliente con un poco de helado de vainilla o *crème fraîche*.

Tarta de queso con yogur y miel

Nada de horno, nada de baño maría, nada de complicarse la vida: ¡no hay tarta de queso más fácil de hacer! Puedes prepararla hasta dos días antes, si quieres, y regarla con miel y tomillo justo antes de servirla. Se conservará bien en la nevera, pero la base se irá reblandeciendo con el paso de las horas.

Para 8 personas

500 g de yogur tipo griego
200 g de galletas de avena
60 g de mantequilla sin sal, fundida
1 ½ cdas de hojas de tomillo
400 g de queso crema
40 g de azúcar glas, tamizado
1 limón: 1 cdta de ralladura fina
150 g de chocolate blanco, partido en trozos de 1-2 cm
60 g de miel

1. Forra un molde desmontable de 23 cm de diámetro con papel vegetal y resérvalo.

2. Cubre un colador con un paño de cocina limpio y colócalo sobre un bol. Vierte el yogur en el colador y, uniendo las cuatro puntas del paño de cocina, exprime para extraer todo el líquido posible. Deberían quedar unos 340 g de yogur espeso. Resérvalo hasta que lo necesites. Desecha el líquido.

3. Pon las galletas de avena en una bolsa de plástico transparente y tritúralas con un rodillo de cocina. Mézclalas con la mantequilla y una cucharada del tomillo y esparce esta masa en la base del molde, presionando para formar una capa homogénea. Resérvalo en la nevera.

4. En una amasadora o batidora de mano, mezcla el queso crema, el yogur escurrido, el azúcar glas y la ralladura de limón hasta obtener una crema suave y homogénea.

5. Funde el chocolate al baño maría: pon al fuego una cazuela con un dedo de agua; en cuanto rompa a hervir, baja el fuego y coloca dentro un cazo con el chocolate. Remueve con frecuencia durante 2 o 3 minutos, procurando que ni una gota de agua caiga en el chocolate, ya que lo cortaría. Añade el chocolate fundido a la crema de queso y remueve hasta integrarlo.

6. Extiende la mezcla anterior sobre la base de galleta, creando una capa homogénea, y refrigéralo durante 2 horas, por lo menos, para que gane consistencia.

7. Cuando vayas a servir, calienta la miel en un cazo pequeño, junto con la ½ cucharadita restante de hojas de tomillo, para que sea más fácil de verter. Retíralo del fuego y riega la tarta de queso con la miel.

8. Desmolda la tarta, córtala en ocho porciones y sirve.

Pastel de avellana, melocotón y frambuesa

Me gusta hacer este pastel con avellanas blanqueadas para obtener una masa clara, pero si usas avellanas con piel estará igual de bueno, aunque la miga quedará más oscura. Servido todavía tibio está para chuparse los dedos, pero también es muy bueno a temperatura ambiente. Se conserva durante un día en un recipiente hermético; aun así, como todos los pasteles con avellanas, tiende a secarse deprisa, así que no esperes mucho más para comerlo.

1. Precalienta el horno a 170 °C con el ventilador en marcha. Forra un molde desmontable de 24 cm de diámetro con papel vegetal y píntalo con el aceite.

2. En un bol, mezcla 150 g de frambuesas y una cucharada de azúcar. Resérvalas.

3. Pon las avellanas en el robot de cocina y procésalas durante un minuto para picarlas gruesas. Resérvalas.

4. Pon el azúcar restante en el recipiente de la amasadora y añade la mantequilla. Bátelo hasta obtener una crema suave y homogénea, y luego ve incorporando los huevos de uno en uno, hasta que queden bien integrados. Añade las avellanas picadas, la harina, la levadura en polvo y la sal, y sigue batiendo hasta que tengas una masa homogénea. Viértela en el molde y esparce por encima los trozos de melocotón y las frambuesas. Hornéalo de 70 a 80 minutos y, transcurridos 30 minutos, cúbrelo con papel de aluminio para que no se tueste demasiado.

5. Sácalo del horno y deja que se atempere antes de desmoldar. Esparce los 50 g restantes de frambuesas por encima del pastel y sírvelo.

Para 10 personas
2 cdtas de aceite
   de girasol
2 melocotones grandes,
   deshuesados y cortados
   en medialunas
   de 1,5 cm de grosor
   (340 g)
200 g de frambuesas
320 g de azúcar extrafino
125 g de avellanas
   blanqueadas, sin piel
200 g de mantequilla
   sin sal, a temperatura
   ambiente
3 huevos grandes, batidos
125 g de harina de trigo
1 ½ cdtas de levadura
   en polvo
⅛ de cdta de sal

Tarta de manzana especiada

Esta tarta puede comerse tal cual, ligeramente tibia o a temperatura ambiente, o servirse como postre acompañada de una bola de helado de vainilla. Conviene comerla el mismo día que se hace, o como mucho al siguiente (guárdala en un recipiente hermético para que se conserve en perfecto estado).

1. Precalienta el horno a 160 °C con el ventilador en marcha. Engrasa y forra un molde redondo de 23 cm de diámetro.

2. En el bol de la batidora eléctrica, con la pala de amasar, mezcla el azúcar y la mantequilla. Bátela a velocidad media hasta obtener una crema clara y esponjosa. Añade los huevos y la vainilla, poco a poco, hasta que se integren en la masa. Tamiza la harina con la sal y añádelas a la masa en un par de tandas, alternando con la nata agria. En cuanto esté todo ligado, vierte la masa en el molde redondo y reserva.

3. Pon los trozos de manzana en un bol. Mezcla el azúcar con las especias y espolvorea la manzana. Remueve para impregnar bien la fruta y espárcela sobre la masa anterior. Hornéala durante 60 o 65 minutos, hasta que haya subido en torno a las medialunas de manzana y la superficie se vea crujiente, firme y dorada. Al insertar un cuchillo en la masa, no saldrá limpio porque la manzana aporta humedad, pero podrás saber si la tarta está hecha cuando, al agitar un poco el molde, no tiemble por arriba.

4. Sácala del horno y déjala reposar unos 30 minutos antes de desmoldar.

5. Sírvela ligeramente tibia o a temperatura ambiente. Cuando vayas a cortar la tarta de manzana, usa un cuchillo de sierra para evitar que se desmigue.

Para 10 personas
130 g de mantequilla sin sal, a temperatura ambiente y cortada en dados
150 g de azúcar extrafino
3 huevos grandes, ligeramente batidos
2 cdtas de extracto de vainilla
300 g de harina leudante
⅓ de cdta de sal
200 g de nata agria

COBERTURA DE MANZANA
3 manzanas Granny Smith, peladas, deshuesadas y cortadas en medialunas de 1,5 cm de ancho (585 g)
130 g de azúcar demerara
1 cda de mezcla de especias (canela, nuez moscada, pimienta de Jamaica)

Rollitos de Nutella, sésamo y avellanas

Para poder incluir esta receta en el libro, he dado por sentadas dos cosas: una es que todo el mundo tiene un tarro de Nutella en la cocina (por eso le hemos puesto la «I» de «Imprescindibles en la despensa», aunque ya sé que es un poco exagerado) y la otra es que preparar la masa y extenderla para hacer unos deliciosos rollitos es más sencillo de lo que parece (de ahí la «S» de «Sofisticado pero fácil»). El resultado es algo a medio camino entre un pastel y una galleta que hará muy buenas migas con una taza de té o café. La masa es delicada, por lo que es importante que reblandezcas la Nutella a conciencia antes de extenderla. Esta receta está inspirada en unas pastas que se sirven en el Landwer Café de Tel Aviv.

Para 10 rollitos

150 g de harina de fuerza, y un poco más para espolvorear la superficie de trabajo

¾ de cdta de levadura seca de panadero

1 ½ cdtas de azúcar extrafino

3 cdas de aceite de oliva, y un poco más para engrasar

¼ de cdta de sal

65 ml de agua tibia

40 g de avellanas blanqueadas, sin piel, tostadas y troceadas gruesas

20 g de semillas de sésamo, ligeramente tostadas

150 g de Nutella, reblandecida (en el microondas o a fuego suave, hasta que se extienda con facilidad)

1 naranja pequeña: 1 cdta de ralladura fina

2 cdtas de azúcar glas

I. En un bol grande, mezcla la harina, la levadura, el azúcar, dos cucharadas de aceite y la sal. Añade el agua despacio y, con la ayuda de una espátula, intégrala en la masa. Pásala a una superficie ligeramente engrasada y, con las manos también untadas en aceite, amasa durante 3 minutos hasta lograr una consistencia suave y elástica (si la masa empieza a pegarse a la superficie de trabajo o a las manos, añade un poco más de aceite). Pásala a un bol ligeramente untado de aceite y tápalo con un paño de cocina limpio y humedecido. Deja que fermente en un lugar cálido durante 40 minutos, hasta que casi haya duplicado su volumen inicial.

2. Precalienta el horno a 220 °C con el ventilador en marcha.

3. En un bol pequeño, mezcla las avellanas y las semillas de sésamo (reserva una cucharada).

4. En una superficie ligeramente enharinada, extiende la masa para obtener un rectángulo de 40 x 30 cm, de modo que la cara más larga del rectángulo quede paralela a la superficie de trabajo. Con una espátula, extiende la Nutella sobre la masa, dejando libre un margen de 2 cm en el borde superior del rectángulo de masa. Espolvorea la Nutella con la ralladura de naranja y a continuación esparce por encima la mezcla de semillas de sésamo y avellana troceada. Tal como está la masa, enróllala hasta obtener un cilindro largo. Úntalo con la cucharada restante de aceite y espolvorea con la cucharada que has reservado de semillas de sésamo y avellana troceada, presionando levemente para que se adhieran a la masa. Desecha los extremos del cilindro y córtalo en diez segmentos de 3 cm cada uno. Colócalos con la parte de la unión hacia abajo en una bandeja de horno forrada con papel vegetal.

5. Hornéalos unos 8 minutos, hasta que se doren. Espolvorea los rollitos con el azúcar glas y deja que se atemperen antes de servir.

Barritas de chocolate con menta y pistachos

Para 24 barritas

100 g de chocolate negro
con menta, partido en
trozos de unos 3 cm

200 g de chocolate negro
(70 % cacao), partido
en trozos de unos 3 cm

120 g de mantequilla sin
sal, cortada en dados
de 2 cm

100 g de melaza clara de
caña

⅛ de cdta de sal

100 g de pasas o sultanas,
maceradas en 2 cdas de
ron durante 30 minutos

170 g de galletas tipo
digestive, partidas en
trozos de unos 2 cm

100 g de pistachos,
troceados

Este postre puede prepararse con lo que tengas más a mano en la cocina, de ahí que la receta lleve la «I» de «Imprescindibles en la despensa». Puedes usar chocolate enriquecido con toda clase de sabores (jengibre, guindilla, etcétera), galletas, frutos secos, fruta deshidratada o algún licor en lugar de los ingredientes aquí indicados, según lo que tengas y lo que más te guste. Las barritas se conservan en perfecto estado durante una semana en la nevera, dentro de un recipiente hermético.

1. Forra una bandeja o fuente refractaria de 28 x 18 cm con papel vegetal y resérvala.

2. Pon los dos chocolates, la mantequilla, la melaza clara de caña y la sal en un cazo y caliéntalos al baño maría durante 2 o 3 minutos, removiendo con frecuencia, hasta que el chocolate se haya derretido y todos los ingredientes estén bien mezclados.

3. Añade a la mezcla anterior las sultanas y el ron, las galletas y tres cuartas partes de los pistachos (añade los trozos más grandes en este momento, dejando los más pequeños para el final). Con ayuda de una espátula, mézclalo todo bien hasta que las galletas y los pistachos queden completamente bañados en chocolate. Pásalo todo a la bandeja que has preparado antes, alisando la superficie con la espátula para que quede uniforme, y reparte por encima el resto de los pistachos. Deja que se atempere durante 10 minutos y cúbrelo con film transparente, sellando bien los bordes. Refrigéralo de 2 a 3 horas, hasta que se haya solidificado.

4. Corta en barritas de forma rectangular, de modo que salgan veinticuatro porciones. Si no vas a servirlas enseguida, guárdalas en un recipiente hermético y sírvelas recién sacadas de la nevera.

Galletas especiadas de chocolate

Cualquier suizo os diría que estas galletas, llamadas brunsli, *deben llevar clavo y canela, y que sólo pueden prepararse y comerse por Navidad. Tras jugar con la mezcla de especias y comerlas tan ricamente durante todo el año, propongo que se relajen un poco las reglas en torno a estas delicias que por su textura recuerdan a los brownies y que no tienen gluten. No me cabe duda de que Cornelia Staeubli, que nació en Suiza y tiene la última palabra respecto a casi todo lo que se decide en Ottolenghi, pondría el grito en el cielo. Reconozco que estas galletas resultan especialmente apetecibles durante las fiestas, así que las he hecho con forma de estrella para seguirle el juego a Cornelia.*

Estas galletas se conservan bien durante cinco días en un recipiente hermético. También puedes congelar la masa (ya sea amasada en una bola o ya cortada) durante un mes. Si las horneas recién sacadas del congelador, añade un par de minutos a la cocción.

18 galletas (usando un cortapastas de 7 cm)

270 g de almendra molida
250 g de azúcar granulado, y 10 g más para espolvorear
40 g de azúcar glas, tamizado
40 g de cacao puro en polvo, tamizado

1 naranja: 1 cdta de ralladura fina
1 ½ cdtas de cinco especias chinas
¼ de cdta de sal
2 claras de huevo grandes
1 cdta de extracto de vainilla

1. Precalienta el horno a 170 °C con el ventilador en marcha.

2. En una amasadora provista del gancho de amasar, mezcla la almendra molida, el azúcar granulado, el azúcar glas, el cacao en polvo, la ralladura de naranja, las cinco especias chinas y la sal. Amasa a velocidad media, hasta lograr una textura homogénea. Con la batidora todavía en marcha, añade las claras de huevo y la vainilla y sigue amasando durante 1 o 2 minutos, hasta que la masa forme una bola. Pásala a una superficie limpia, extiéndela para obtener un disco plano de unos 3 cm de grosor y envuélvelo en film transparente. Deja que repose en la nevera durante cerca de una hora.

3. Corta dos trozos de papel vegetal de unos 40 x 40 cm. Retira el film transparente que envuelve la masa, colócala entre las dos hojas de papel vegetal y extiende con el rodillo hasta obtener un círculo de 22 cm de diámetro y 1,5 de grosor. Usando un cortapastas de 7 cm con forma de estrella (o cualquier otro cortapastas), recorta las galletas y ve colocándolas en una bandeja de hornear grande forrada con papel vegetal. Junta los recortes de masa, forma una bola y vuelve a extenderla para cortar más galletas. Repite la operación hasta que acabes la masa. Espolvorea las galletas con los 10 g restantes de azúcar granulado.

4. Hornéala 12 minutos, hasta que la base de las galletas quede ligeramente crujiente, pero sigan tiernas y pegajosas por dentro. Sácalas del horno y deja que se enfríen.

Helado fácil de frambuesa

Puedes preparar este postre durante todo el año. Las frambuesas frescas son fantásticas cuando es temporada y las hay por todas partes, pero congeladas también dan la talla. De hecho, el zumo que sueltan las frambuesas congeladas aporta al coulis una textura maravillosa. Prepara el helado con antelación, ya que debe permanecer en el congelador al menos 12 horas, y tanto el helado como el coulis se conservarán en perfecto estado durante un mes.

Para 6 personas

600 g de frambuesas frescas (o congeladas, previamente descongeladas)

2 cdas de azúcar glas

200 ml de nata para montar

1 huevo entero y 2 yemas más

1 cdta de zumo de limón

180 g de azúcar extrafino

⅛ de cdta de sal

1. Tritura las frambuesas en un robot de cocina hasta obtener un puré. Pásalo por un colador fino colocado sobre un bol, usando una cuchara sopera para presionar y exprimir la fruta; descarta las semillas. Si fuera necesario, hazlo en varias tandas. Separa 260 g del puré de frambuesas y resérvalos. Tamiza el azúcar glas sobre el puré restante —unos 100 g— y mézclalo bien para hacer un *coulis*. Viértelo en una jarrita y guárdalo en la nevera hasta el momento de servir.

2. Pon la nata en la jarra de una batidora eléctrica y bate hasta montarla. Pásala a un bol y guárdala en la nevera.

3. Cubre el fondo de una olla mediana, en la que encaje el bol de la batidora eléctrica, con un par de centímetros de agua de modo que el recipiente no toque el agua. Llévala a ebullición y luego baja a fuego lento.

4. Mientras, bate el huevo, las yemas, el zumo de limón, el azúcar y la sal en el bol de la batidora eléctrica. Encájalo sobre la olla con el agua hirviendo a fuego lento y bate sin parar durante unos 5 minutos, hasta que el azúcar se haya disuelto y la mezcla se haya calentado. Saca el bol y bate a velocidad media hasta que la mezcla se haya espesado y atemperado (se espesará enseguida, pero tardará unos 10 minutos o más en enfriarse). Añade los 260 g de puré de frambuesas y bate a velocidad baja para integrarlo. Rebaña los lados del bol y sigue batiendo hasta obtener una mezcla homogénea. Saca la nata montada de la nevera e incorpórala con delicadeza. Pasa la mezcla a un recipiente apto para congelar, cúbrela con film transparente y congélala al menos durante 12 horas.

5. Diez minutos antes de servir, saca el helado del congelador para que se atempere y puedas formar bolas. Repártelas entre los boles y sirve el helado enseguida, regado con el *coulis* de frambuesa que has reservado.

Sugerencias: SIMPLE hecho menú
Para comer de lunes a viernes o en celebraciones de fin de semana

Las posibilidades de combinar las ciento cuarenta recetas de este libro para preparar distintos menús son interminables. Lo que sigue es tan sólo un puñado de sugerencias pensadas para un amplio abanico de ocasiones, desde los apaños rápidos de los días laborables hasta los grandes banquetes más propios del fin de semana. También hay propuestas específicas para cada estación del año. Emplear productos de temporada es el mejor punto de partida para no complicarse la vida en la cocina y alimentarse bien. Los menús vegetarianos y veganos están señalados con las siglas «V» y «VG» respectivamente.

Para comer entre semana

Primavera/verano

Crema de aguacate y habas, pág. 106 *(la crema se conserva durante dos días en la nevera. Guarda aparte la guarnición de habas y cebolleta hasta el momento de servir)* + **ensalada de cuscús, tomates cherry y hierbas aromáticas, pág. 158** *(todos los elementos pueden prepararse la víspera)* + *carpaccio* **de tomate corazón de buey con aliño de cebolleta y jengibre, pág. 29** *(prepáralo seis horas antes y guárdalo en la nevera)* (VG)

Calabacines rellenos de verduritas y piñones, págs. 60-61 *(puedes preparar el relleno la víspera y dejar los calabacines listos para rellenar y gratinar)* + **arroz a la menta con aliño de granada y aceitunas, pág. 171** *(prepara el aliño con antelación; se conservará bien durante unas horas)* (V)

Buñuelos de langostinos y maíz, pág. 263 *(puedes hacer la masa la víspera y guardarla en la nevera hasta el momento de freír los buñuelos)* + **calabacines y guisantes a las finas hierbas con gachas de sémola, pág. 63**

Pollo rebozado con semillas, pág. 235 *(la mezcla de semillas se conserva en buen estado durante un mes)* + **patatas nuevas con guisantes y cilantro, pág. 147** + **ensalada de pepino y canónigos, pág. 38** *(prepara los pepinos y el aliño, pero guárdalos por separado hasta el momento de servir)*

Otoño/invierno

Crema de lentejas, tomate y coco al curri, pág. 52 *(prepárala con antelación)* + **judías verdes con tofu y salsa** *chraimeh,* **pág. 104** *(la salsa se conservará durante una semana)* (VG)

Crema de calabaza y naranja al azafrán, págs. 54-55 *(prepara la crema de antemano y asa más pipas de calabaza para tener en la despensa)* + **pappardelle con** *harissa* **de rosas, aceitunas negras y alcaparras, pág. 188** *(prepara la salsa con tres días de antelación)* (V)

Sugerencias

Bacalao con salsa de tomate picante
y *tahina*, pág. 250 *(prepara las salsas
de tomate y tahina con antelación y haz de
más, porque se conservan bien en la nevera
y pueden congelarse)* + **salteado de
brócoli y col rizada con ajo, comino
y lima, pág. 75** *(blanquea el brócoli y la
col rizada de antemano)*

Carne de cerdo con jengibre,
cebolleta y berenjena, pág. 231
*(pica todos los ingredientes antes de
empezar y tendrás el plato en la mesa en
menos de 15 minutos)* + **arroz blanco
o fideos** + *bimi* con salsa de soja,
ajo y cacahuetes, pág. 76

Brunch dominical para invitar a los amigos

**Buñuelos de guisantes, *za'atar*
y feta, pág. 20** *(puedes preparar
la masa un día antes)* + **pan de
remolacha, alcaravea y queso de
cabra, pág. 16** *(se conserva durante
una semana, sólo tendrás que cortarlo
y tostarlo el mismo día)* + **ensalada
de aguacate y pepino, pág. 13**
*(ésta es la ensalada que acompaña el
revuelto de tofu con* harissa*) (V)*

Revuelto de tofu con *harissa*,
pág. 13 *(haz más cebollas con* harissa
de la cuenta y guárdalas en la nevera)
+ **ensalada de peladuras de patata
asadas con *harissa* y lechuga,
pág. 146** *(aprovecha las pieles de las
patatas o guarda la pulpa de una patata
asada para hacer un puré)* + **rollitos
de Nutella, sésamo y avellanas,
págs. 286-287** *(V)*

Almuerzos y cenas de fin de semana para invitar a los amigos

Recetas de cordero y guarniciones

**Paletilla de cordero asada a fuego
lento con menta y comino,
pág. 215** *(deja el cordero marinando
en la nevera durante la noche)* + **arroz
a la menta con aliño de granada
y aceitunas, pág. 171** y/o **patatas
nuevas con guisantes y cilantro,
pág. 147** + **ensalada de pepino
y canónigos, pág. 38** *(prepara
el aliño y los pepinos de antemano)*
y/o **crema de aguacate y habas,
pág. 106** *(puedes hacer la crema con
antelación y guardarla en la nevera)*
+ **tomates con chalotas al zumaque
y piñones, pág. 34** *(puedes preparar
todos los elementos de antemano)*

Cena veraniega con salmón

**Salmón a la plancha con piñones
de Bridget Jones, pág. 246** +
**puré de patata con aceite de oliva
aromatizado, pág. 130** + **helado
fácil de frambuesa, págs. 292-293**
*(se conserva bien en el congelador, por
lo que puedes hacerlo con antelación)*

295

Pollo asado y guarniciones primaverales

Pollo asado con limón en conserva, pág. 227 *(puedes preparar el pollo de antemano y dejarlo listo para hornear)* + **patatas nuevas con guisantes y cilantro, pág. 147** *(puedes hacerlas unas pocas horas antes)* + **ensalada oriental con** *tahina* **y** *za'atar*, **pág. 36**

Pollo asado y guarniciones otoñales

Pollo asado al estilo de Arnold con relleno de alcaravea y arándanos rojos, pág. 219 *(rellena el pollo con antelación, para que sólo tengas que hornearlo)* + **puré de patata con aceite de oliva aromatizado, pág. 130** *(puedes preparar las patatas con antelación)* + **zanahorias** *baby* **asadas con** *harissa* **y granada, pág. 116** *(puedes asar las zanahorias unas horas antes de servirlas)* + *cavolo nero* **con chorizo y limones en conserva, pág. 85**

Cenas especiales

Pollo Marbella, pág. 229 *(puedes marinar el pollo hasta dos días antes y dejarlo listo para asar)* + **arroz al horno con tomates y ajos confitados, pág. 174** + **ensalada de zanahoria con yogur y canela, pág. 118** *(hierve las zanahorias de antemano y añade las hierbas aromáticas y el yogur antes de servir)* + **coles de Bruselas con mantequilla caramelizada y ajo negro, pág. 113**

Cenas en familia

Ñoquis *alla romana*, **pág. 198** *(puedes prepararlos hasta el momento de cortarlos y gratinarlos)* + **albóndigas de ricotta y orégano, pág. 221** *(prepáralas de antemano y caliéntalas en el horno antes de servir)* + **ensalada de pepino y canónigos, pág. 38** *(prepara el aliño con antelación y consérvalo en la nevera)*

Pescado al estilo asiático

Lubina al horno con soja y jengibre, págs. 260-261 *(puedes dejar todo el plato preparado y listo para meter en el horno)* + *bimi* **con salsa de soja, ajo y cacahuetes, pág. 76** *y/o* **ocras exprés con aliño agridulce, pág. 86** + **arroz tailandés con crujiente de jengibre, guindilla y cacahuetes, pág. 173**

Banquetes

Cuando preparo un banquete, dejo buena parte del trabajo hecho de antemano y lleno la mesa de platos para que los invitados se sirvan a su antojo. Las recetas que elijo en estos casos son aquellas cuyas cantidades puedo multiplicar fácilmente según lo necesite. Son elaboraciones que no desmerecen si ya están a punto un rato antes de servirse y que pueden comerse a temperatura ambiente, una vez que todos se han sentado en torno a la mesa. Siempre que haya una excepción a esta regla —es decir, cuando un plato deba servirse recién salido del horno o haya que montarlo en el último momento— estará debidamente señalada. En esta sección he incluido suficientes recetas para llenar literalmente la mesa, pero no hace falta que las prepares todas para agasajar a tus invitados como se merecen.

Festín de tapas

Véase fotografía en las págs. 126-127

Crema de aguacate y habas, pág. 106 *(puedes prepararla con dos días de antelación, pero reserva la guarnición de habas aparte y saltea la cebolleta justo antes de servir)* + **puré de alubias blancas con *muhammara*, pág. 107** *(puedes elaborar los dos elementos de la receta de antemano y montar el plato antes de servir)* + **bacalao guisado con garbanzos y *harissa* de rosas, pág. 262** + **calamares estofados con pimiento rojo, pág. 259** *(prepara el estofado dos días antes y caliéntalo antes de servir)* + **patatas «fritas» al horno con orégano y feta, pág. 138** *(puedes cocer las patatas con antelación)* + ***arayes* de cordero con *tahina* y zumaque, pág. 214** *(puedes preparar el relleno uno o dos días antes)*

Banquete al estilo de Oriente Próximo

Véase fotografía en las págs. 210-211

Cordero a la parrilla con almendras y azahar, págs. 208-209 *(puedes preparar todos los elementos de la receta de antemano y montarlos antes de servir)* + **ensalada de cuscús, tomates cherry y hierbas aromáticas, pág. 158** *(puedes preparar todos los elementos la víspera)* + **ensalada de cebolleta a las finas hierbas, pág. 47** *(prepara el aliño la víspera y la ensalada 6 horas antes de servirla, dejando para el último momento las hierbas aromáticas y la sal)* + **remolacha asada con yogur y limón en conserva, pág. 125** + **coliflor asada entera con salsa verde de *tahina*, págs. 94-95** *(la salsa se conserva bien en la nevera hasta tres días)* + **zanahorias *baby* asadas con *harissa* y granada, pág. 116** *(asa las zanahorias 6 horas antes y monta el plato justo antes de servir)* + **ensalada oriental con *tahina* y za'atar, pág. 36**

Cocinar para muchos en primavera

Véase fotografía en las págs. 44-45

Paletilla de cordero asada a fuego lento con menta y comino, pág. 215 *(deja el cordero marinando desde la víspera)* + **arroz a la menta con aliño de granada y aceitunas, pág. 171** *(prepara el aliño con antelación, de modo que sólo tengas que meter el arroz en el horno)* + **espárragos asados con almendras, alcaparras y eneldo, págs. 82-83** + **tomates con chalotas al zumaque y piñones, pág. 34** *(puedes preparar todos los elementos de antemano)* + *raita* **de tomate y pepino, pág. 30** *(la raita se conserva dos días en la nevera)* + **ensalada de calabacín, tomillo y nueces, pág. 31** *(prepara el aceite con ajo con antelación y los calabacines hasta 6 horas antes de servirlos, dejando el aliño y el zumo de limón para el último momento)*

Cocinar para muchos en verano: festín vegetariano

Véase fotografía en las págs. 152-153

Burrata con uvas braseadas y albahaca, pág. 43 *(macera las uvas la víspera y braséalas justo antes de servir)* + **tomates cherry asados con salsa de yogur, pág. 70** *(los tomates deben servirse calientes, pero pueden pasar hasta un día marinándose)* + **calabacines rellenos de verduritas y piñones, págs. 60-61** *(prepara el relleno con antelación y lo tendrás todo a punto para rellenar los calabacines y hornearlos)* + **cogollos de lechuga con aliño de aprovechamiento, pág. 37** *(el aliño se conserva hasta tres días en la nevera)* + **calabaza asada con maíz, feta y semillas de calabaza, pág. 122** *(puedes preparar todos los elementos la víspera y montar el plato antes de servir)* (V)

Cocinar para muchos en invierno

Véase fotografía en las págs. 78-79

Pollo asado al estilo de Arnold con relleno de alcaravea y arándanos rojos, pág. 219 *(puedes rellenar el pollo la víspera y guardarlo en la nevera)* + **patatitas asadas con *harissa* y ajo confitado, pág. 142** *(puedes preparar el ajo confitado con dos días de antelación y hervir las patatas 6 horas antes)* + *cavolo nero* **con chorizo y limones en conserva, pág. 85** + **champiñones con castañas y *za'atar*, pág. 112** *(conviene servirlos recién salidos del horno, pero puedes dejarlos preparados hasta el momento de salpimentarlos y asarlos)* + **salteado de brócoli y col rizada con ajo, comino y lima, pág. 75** *(puedes blanquear el brócoli y la col rizada de antemano)* + **ensalada de zanahoria con yogur y canela, pág. 118** *(cocina las zanahorias al vapor 6 horas antes de montar el plato y sírvelas a temperatura ambiente)*

Ingredientes «ottolenghianos»

He aquí los diez ingredientes que os animo a comprar y tener siempre en la despensa.
Huelga decir que, pese al adjetivo, no son «míos», pues ya se usaban mucho antes de
que yo naciera. Pero sí son productos con los que me encanta cocinar, que forman parte
de mis recetas habitualmente y que seguiré defendiendo hasta que, así lo espero, acaben
convirtiéndose en ingredientes cotidianos para muchas más personas.

Como ocurre con todos los ingredientes culinarios, puede haber grandes oscilaciones en lo
que respecta a su calidad. El precio sirve para orientarnos —en general, lo bueno se paga—,
pero más importante aún es tener presente que un producto llegado directamente de su país
de origen siempre tendrá un plus de autenticidad, lo que a menudo se traduce en más sabor.
Así, las bayas de agracejo más deliciosas siempre serán las que te venda un frutero iraní, y el
zumaque más chispeante —como el *za'atar* más aromático y la *tahina* más cremosa— siempre
será el que procede de Oriente Próximo.

Eso no significa que comprar todos estos ingredientes en una gran superficie y decantarse
por las marcas blancas sea un error, ni mucho menos. Lo que sí quiere decir —sobre todo
si vives en una ciudad o si haces la compra por internet— es que a veces vale la pena dar
un rodeo de diez minutos para llegar a una tienda especializada que te sirva estos productos
o te permita encargarlos online. En las tiendas físicas Ottolenghi los vendemos todos, por
poner un ejemplo, así como en nuestra tienda virtual.

Pero, sea cual sea la versión disponible allá donde vivas, todos estos ingredientes son pequeñas
bombas de sabor que enriquecen y aportan un toque de osadía a cualquier plato. Además, son
poco perecederos, así que no sufras: no deberás pasarte unas cuantas semanas echando ajo
negro a toda la comida que hagas una vez abierto el tarro.

Dicho esto, son ingredientes tan versátiles que no te faltarán ideas para usarlos en la cocina.
Lo que sigue es tan sólo un puñado de sugerencias, tanto generales como específicas de las
recetas incluidas en este libro.

Zumaque
Es la especia de color rojo intenso que se elabora a partir de las bayas
deshidratadas y trituradas del arbusto homónimo. De sabor astringente y ligeramente cítrico, sirve
para aderezar toda clase de platos. Los huevos se cuentan entre los más habituales, pero también
va de maravilla la carne, el pescado y las verduras a la plancha. Puedes espolvorearlo sobre
un plato o mezclarlo con un poco de aceite para utilizarlo en un aderezo o adobo. Hubo un verano
en que las chalotas al zumaque (pág. 34) se convirtieron para mí en poco menos que una obsesión;
no podía parar de comerlas sobre un lecho de tomates maduros. También suelo preparar salsa
de yogur y zumaque (pág. 217) para acompañar unos pastelitos de cordero o regar unas verduras
asadas. El zumaque se asocia más con los platos salados, pero tiene mucho que aportar a los dulces
(véase la pág. 272).

Za'atar Así se conoce la mezcla de especias de color verdoso que se prepara con hojas molidas de *za'atar (Origanum syriacum)*, semillas de sésamo, zumaque y sal. Hay una amplia variedad de marcas y calidades disponibles, pero yo sólo uso las que se limitan a estos cuatro ingredientes. Las hojas de *za'atar* tienen un aroma sabroso e inconfundible y un sabor complejo. Esta especia está emparentada con el orégano y la mejorana, pero también evoca el comino, el limón, la salvia y la menta. Una pizca de *za'atar* espolvoreada sobre la carne, el pescado o las verduras, o bien emulsionada con aceite y usada a modo de aliño, puede transformar un plato por completo. Véase, por ejemplo, la ensalada oriental con *tahina* y *za'atar* (pág. 36) o los champiñones con castañas y *za'atar* (pág. 112). También es fantástica para rematar cualquier crema untable a base de legumbres. Por ejemplo, en la receta del puré de alubias blancas con *muhammara* (pág. 107) puedes sustituir la pasta de pimiento rojo por una pizca de *za'atar*.

Guindilla de Urfa en copos Aunque me gusta emplear varios tipos de guindilla en mis elaboraciones, en el caso de la guindilla de Urfa la uso prácticamente a diario. Su sabor —ahumado, casi achocolatado— tiene más peso que el picante, por lo que puedes utilizarla para aderezar toda clase de platos, desde unos huevos revueltos hasta una tostada con crema de aguacate o un sándwich de queso. En este libro la uso para dar un toque a unos tomates cherry recién salidos del horno (pág. 70), así como a un estofado de lentejas y berenjena (pág. 159).

Cardamomo molido Puede ser difícil de encontrar, por lo que en este libro empleamos vainas de cardamomo enteras, que partimos para extraer las semillas de su interior y luego majarlas. Pero, si encuentras cardamomo molido (en la tienda *online* de Ottolenghi lo tenemos a la venta), hazte con él y úsalo en vez de las vainas enteras. El cardamomo aporta un matiz dulce, aromático y distintivo a toda clase de postres y platos salados. Lo verás en los fideos *soba* de este libro, por ejemplo (pág. 181), y en el acompañamiento de la caballa de la página 244. A la hora de hacer la conversión, si una receta pide ½ cucharadita de semillas de cardamomo, sustitúyela por ¼ de cucharadita de cardamomo molido. Que una cosa es echar mano de estas pequeñas bombas de sabor y otra es que te estallen literalmente en la boca.

Melaza de granada Esta melaza es dulce y densa como un almíbar de azúcar, pero con un punto ácido. Se usa para regar toda clase de platos de carne o verduras, a los que aporta esa chispa que acaba de redondearlos. Hace muy buenas migas con la carne picada de cordero, por citar sólo un ejemplo. Yo siempre echo un chorrito a la masa de las albóndigas (pág. 204) o al relleno de las pitas (pág. 214). Añadir un poco de melaza de granada a cualquier adobo o a los ingredientes de un guiso es una buena manera de crear un glaseado dulce y meloso que recubrirá la pieza cocinada.

Harissa de rosas

Me chifla esta pasta de guindilla intensamente especiada procedente del norte de África, por lo que la veréis a lo largo de este libro en toda clase de recetas: para adobar un solomillo de ternera, por ejemplo (pág. 224), para untar la piel de unas patatas antes de asarlas (pág. 146), para potenciar un simple plato de pasta (pág. 188) o una tortilla con queso manchego (pág. 7) o para preparar una buena provisión de cebolla caramelizada que acompañará un *brunch* repleto de sabor (pág. 13). La diferencia entre la *harissa* normal y la de rosas es que esta última incorpora pétalos de rosa, que en términos generales aportan un dulzor especial a la pasta y suavizan el efecto de la guindilla. No obstante, la intensidad del picante varía notablemente según la marca. Para las recetas de este libro hemos usado la marca Belazu, que me gusta mucho. Si empleas *harissa* de cualquier otra marca, tendrás que ir probando y valorar qué cantidad usar. La mayor parte de las marcas blancas de supermercado son más suaves, por lo que deberás incrementar la cantidad indicada en un 50 %. Por el contrario, la *harissa*, tanto la normal como la de rosas, procedente del norte de África suele ser muy picante, por lo que tal vez tengas que usar un 50 % menos de lo indicado. El picante es cuestión de gustos y tolerancia, así que juega con las proporciones hasta dar con la que se adapta a ti.

Tahina

La *tahina* es poco más que una pasta untuosa a base de semillas de sésamo molidas, pero aun así la calidad puede variar de un modo espectacular según cómo y dónde se haya elaborado. Yo suelo decantarme por las marcas libanesas, israelíes y palestinas con las que me he criado, más cremosas que las griegas y chipriotas, que tienden a formar grumos y cuyo sabor es menos intenso. Al ser más untuosas, se vierten y mezclan con facilidad, por lo que puedes usarlas como base para toda clase de aliños y salsas. ¡Hay tantos platos que me encanta regar con un chorrito de salsa de *tahina*! Una sencilla ensalada oriental (pág. 36), por ejemplo, o un aliño hecho con miel, *mirin*, salsa de soja y otros ingredientes para aderezar una ensalada de algas y sésamo (pág. 183). También queda estupenda en las tostadas —untada como si fuera mantequilla de cacahuete y rociada con miel o sirope de dátiles— o incluso esparcida sobre un helado de vainilla. La *tahina* está presente en muchas de las recetas de este libro: la usamos para glasear un pastel de cordero (pág. 206), para regar un pescado a la cazuela (pág. 250) o como ingrediente estrella de una salsa verde para acompañar verduras asadas (pág. 95).

Bayas de agracejo

El agracejo tiene un punto ácido del que carecen otras bayas y casa muy bien con toda clase de buñuelos, *frittatas*, tortillas y ensaladas a base de arroz. En este libro sólo hay dos recetas que incluyan estas bayas —los buñuelos iraníes de hierbas aromáticas (pág. 22) y la mezcla de tomate, naranja y bayas de agracejo que acompañan la trucha de la página 248—, pese a lo cual creo que vale la pena tenerlas en la despensa durante todo el año. Si no encuentras bayas de agracejo, puedes remojar la misma cantidad de pasas de Corinto o grosellas secas en zumo de limón (unas dos cucharadas de zumo por tres de bayas) durante media hora. Una vez escurridas, estarán listas para sustituir las bayas de agracejo.

Ajo negro El ajo negro posee un sabor delicado e intenso que evoca el regaliz, el vinagre balsámico y las gominolas. Se elabora a partir de una cabeza de ajos normal sometida a una larga fermentación. El sabor del ajo fresco puede resultar agresivo (y perdurar en el aliento); en cambio, el ajo negro se caracteriza por todo lo contrario: es suave, dulce y rico en *umami*. En las recetas de este libro lo uso para contrarrestar el punto amargo de las coles de Bruselas (pág. 113) o para enriquecer con su melosidad un plato de arroz integral ya de por sí reconfortante (pág. 168), pero te invito a jugar con otras recetas. Prueba a añadir uno o dos dientes de ajo negro cortados en láminas finas a una pizza antes de meterla en el horno, o a integrarlos en un risotto.

Limón en conserva Los limones en conserva aportan a cualquier receta una auténtica explosión de sabor cítrico. Muchas veces me limito a picar la piel de un limón en conserva y añadirlo a un plato o aliño para introducir ese punto ácido. En este libro he usado limones en conserva pequeños, de los que tienen la piel fina, en vez de los grandes de piel gruesa, cuyo sabor es mucho más intenso. Los encontrarás en muchas recetas, prestando el necesario contraste de sabores a una refrescante ensalada verde (pág. 146) o a una *raita* de tomate y pepino (pág. 30). También ofrecen un contrapunto ideal al gusto terroso de la remolacha (pág. 125) y aportan la chispa necesaria a un reconfortante plato de huevos escalfados (pág. 6).

Nota sobre las recetas vegetarianas, veganas y sin gluten

Las recetas de este libro responden a la idea de simplicidad, pero sin renunciar ni un ápice a la frescura, la abundancia y el sabor. Así pues, la prioridad a la hora de concebirlas no era excluir ningún tipo de alimentos, pero me complace comprobar que pese a ello muchas de estas recetas son vegetarianas o veganas. Sin ir más lejos, son vegetarianas todas las elaboraciones de cremas vegetales, verduras crudas, cereales, legumbres y postres, y lo mismo podría decirse del ochenta o noventa por ciento de los menús de *brunch*, los platos de verduras cocinadas y las preparaciones a base de patata. La mitad de las recetas de patata, cereales, arroz, legumbres y verduras crudas son, además, veganas.

Para una lista completa de las recetas según los grupos de alimentos excluidos (contando las elaboraciones sin gluten, ni frutos secos ni lácteos), visita www.books.ottolenghi.co.uk.